BIBLIOTHÈQUE DU VIEUX PARIS

Henri BEAULIEU

Les Théâtres
DU
Boulevard du Crime

CABINETS GALANTS. — CABARETS.
THÉÂTRES. — CIRQUES. — BATELEURS.

De Nicolet à Déjazet (1752-1862)

Ouvrage orné de 3 planches hors texte
et d'un plan du Boulevard du Temple

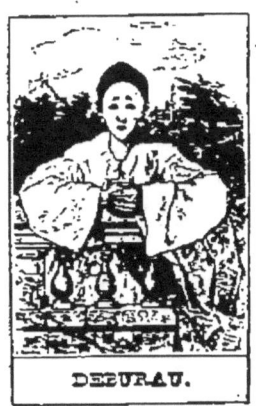

DEBURAU.

PARIS (IXe)

H. DARAGON, LIBRAIRE-ÉDITEUR
30, RUE DUPERRÉ, 30

M D CCCC V

Les Théâtres

du

Boulevard du Crime

BIBLIOTHÈQUE DU VIEUX PARIS

Henri BEAULIEU

Les Théâtres
du
Boulevard du Crime

CABINETS GALANTS. — CABARETS.
THÉÂTRES. — CIRQUES. — BATELEURS.

De Nicolet à Déjazet (1752-1862)

Ouvrage orné de 3 planches hors texte
et d'un plan du Boulevard du Temple

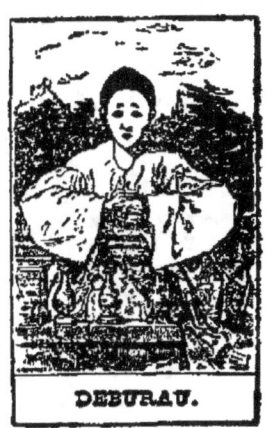

DEBURAU.

PARIS (IXᵉ)

H. DARAGON, LIBRAIRE-ÉDITEUR
3o, RUE DUPERRÉ, 3o

M D CCCC V

I

LE BOULEVARD DU CRIME

Pourquoi le boulevard du Temple a-t-il été sur-
nommé le boulevard du Crime?

En raison de l'attentat de Fieschi, disent les uns ;
parce que les théâtres rassemblés en ce coin de Paris
ne jouaient que des drames très sombres, prétendent
les autres.

Ceux-ci, seuls, selon nous, ont raison.

Un entrefilet de l'almanach des spectacles de 1823,
nous prouve que ce surnom germait en certains esprits douze ans avant l'attentat du 28 juillet 1835.

« Une âme sensible voulait qu'on appelât le boulevard du Temple, boulevard du Crime. Hélas ! ce nom
ne serait que trop mérité. On a fait le recensement de
tous les crimes qui s'y sont commis depuis vingt ans.

En voici le résultat :

Tautin a été poignardé 16.302 fois, Marty a subi
11.000 empoisonnements avec variantes, Fresnoy a
été immolé de différentes façons 27.000 fois, M¹¹ᵉ Adèle

Dupuis a été 75.000 fois innocente, séduite, enlevée ou noyée, 6.400 accusations capitales ont éprouvé la vertu de Mlle Levesque, et Mlle Olivier, à peine entrée dans la carrière, a déja bu 16.000 fois dans la coupe du crime et de la vengeance ; voilà sauf erreur 132.902 crimes à partager entre cinq individus qui, cependant jouissent au fond d'une santé excellente et de l'estime générale.

« O mélodrame ! ô type admirable de scélératesse et de vertu ! et tu trouves d'obscurs blasphémateurs. » (*Almanach des spectacles 1823*).

L'origine du boulevard du Temple remonte à l'année 1536, époque à laquelle fut creusé un fossé, derrière l'enclos du Temple, pour protéger la Capitale contre l'étranger envahisseur. En 1668, le terre-plein qui précédait ce fossé, du côté de la ville, fut planté de quatre rangées d'arbres, dont les ombrages, vers le milieu du xviii siècle commencèrent d'attirer les parisiens, qui préféraient cette fraîche et spacieuse promenade aux rues tortueuses et étroites du Marais.

Il arriva, la chose était fatale, que les promeneurs, chaque jour plus nombreux, attirèrent au boulevard les bateleurs en plein vent, gens toujours à l'affût des voies très fréquentées, ainsi que les forains à la recherche d'un emplacement pour y installer leurs baraques, pendant la fermeture des grandes foires périodiques.

Un sieur Gaudon monta, dit-on, la première loge foraine au boulevard du Temple, son exemple ne tarda pas d'être suivi par de nombreux confrères : montreurs de marionnettes, d'automates, de figures peintes, d'ombres chinoises, d'animaux phénomènes ou savants, physiciens, escamoteurs et danseurs de corde. Ce furent ces derniers, qui, sous la direction de Nicolet, fondèrent le premier théâtre, vraiment digne de ce nom. Quelques années plus tard, les marionnettes d'Audinot se changeaient en acteurs vivants et créaient la concurrence. Insensiblement les tenanciers des baraques en faveur auprès du public, imitèrent Nicolet et Audinot, faisant succéder, comme eux, la représentation de petites pièces, drames ou vaudevilles, à leur primitif spectacle muet.

En l'année 1778, on pava le boulevard du Temple, cet embellissement fut une nouvelle cause de succès ; désormais les belles dames pouvaient venir en carrosse, sans crainte de voir, leurs somptueux équipages s'embourber en de profondes ornières.

Après avoir recueilli les épaves des grandes foires Saint-Germain, Saint-Ovide et Saint-Laurent, tombées en désuétude pour différentes raisons, le boulevard du Temple devint le rendez-vous à la mode des parisiens et des étrangers ; ce qui le fit surnommer par le vieux Franklin, le boulevard des Nations.

Ce fut, jusqu'à la Révolution, une véritable foire perpétuelle où se coudoyaient indistinctement gens du monde, femmes galantes et gens du peuple, l'après-midi autour des bateleurs, le soir dans les théâtres, les cabarets et les bals.

Au lendemain de la prise de la Bastille, la clientèle aristocratique disparut, seule la populace resta fidèle à Nicolet et à ses confrères, pour qui, en 1791, allait sonner l'heure de la pleine et entière liberté.

Sous la Terreur, loin de diminuer, le nombre des théâtres s'accrut considérablement ; empressons-nous d'ajouter que tous ces établissements nouveau-nés n'eurent qu'une existence éphémère. La plupart d'entre eux devinrent des tribunes politiques, comme bon nombre de cabarets se transformèrent en salles de réunions pour les divers partis. Les robes de soie des belles marquises avaient cédé la place aux haillons des tricoteuses, le *Ça ira* remplaçait les chansons de Fanchon la Vielleuse.

Le Directoire rendit au boulevard du Temple sa physionomie première ; après les horreurs de 1793, Paris, assoifé de plaisir, reprit le chemin des théâtres et des attractions installés près du fossé du Marais.

Napoléon, dont l'avènement fut chaleureusement célébré par les successeurs de Gaudon, se montra sévère à l'égard de ces derniers, en faisant disparaître par le décret de 1807, plus de la moitié des spectacles, rendant ainsi lettre morte, la liberté proclamée en 1791. La Restauration fit preuve d'une plus grande libéralité, en accordant de nombreux privilèges, qui attirèrent la foule dans les établissements de toutes sortes.

Bientôt, le succès fut trop grand, la circulation devint impossible et dans la crainte d'accidents, la police

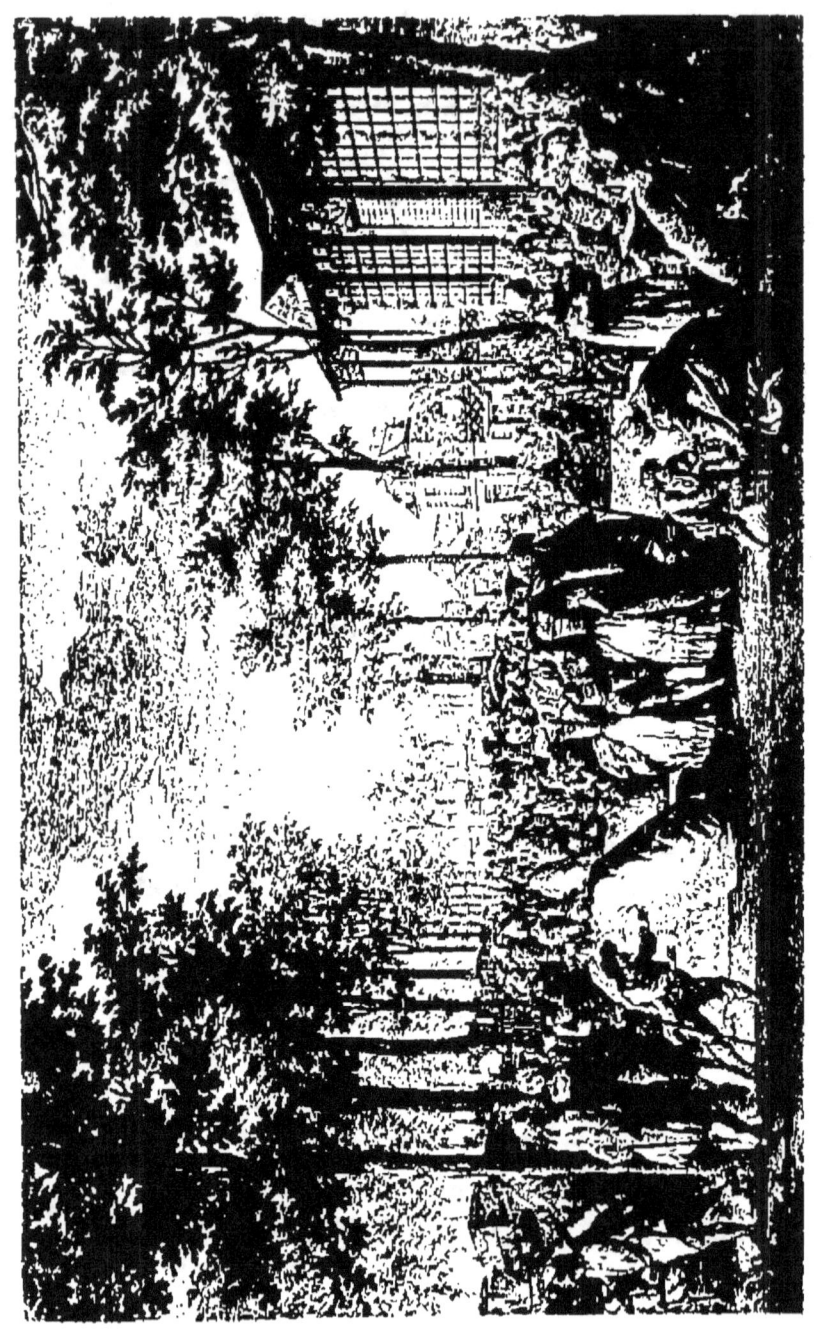

PROMENADE AU BOULEVARD.

dut interdire parades et bateleurs au boulevard du Crime ; les aboyeurs des petits théâtres demeurèrent seuls autorisés.

De ce fait, le vieux boulevard perdit beaucoup de son originalité et Brazier, l'un de ses admirateurs s'écriait, à juste titre :

« Encore une pierre qui tombe du boulevard de la Gaîté. » A partir de 1830, on se rendait au boulevard pour aller au théâtre et non plus pour y jouir du spectacle de cette foire perpétuelle dont Désaugiers avait dit :

> « La seul' prom'nade qu'a du prix
> La seule dont je suis épris
> La seule où je m'en donne où je ris
> C'est l' boulevard du Temple, à Paris »

Telle quelle, cette promenade demeurait encore des plus curieuses et des plus pittoresques et aurait dû, à ce titre, obtenir grâce devant le baron Haussmann.

Il n'en fut rien, la mort du vieux boulevard avait été décrétée et le 15 juillet 1862, les théâtres y donnaient leur dernière représentation. La partie du boulevard du Temple, qui partait du faubourg du même nom et traversait en diagonale la place actuelle de la République, disparaissait sous la pioche des démolisseurs pour donner naissance au boulevard du Prince Eugène devenu quelques années plus tard le boulevard Voltaire.

THÉATRE DE LA GAITÉ

Vers 1759, Nicolet, fils aîné de Guillaume Nicolet, célèbre entrepreneur de marionnettes aux foires Saint-Laurent et Saint-Germain, louait sur le rempart du Marais, une baraque précédemment occupée par le spectacle mécanique de Fourré, élève de Servandoni.

La célèbre devise « de plus fort en plus fort » était inscrite au fronton du nouveau spectacle et l'exhibition des animaux savants, jointe aux danses de corde remplaçait les pièces à machines.

Le succès fut immédiat. En peu de temps, Nicolet et ses sauteurs « rendaient à la corde française et au saut périlleux à la parisienne, leur gloire d'antan, légèrement amoindrie depuis quelques années par les vertigineux exercices des troupes Anglaises, Italiennes et Hollandaises (1). »

En 1764, la modeste baraque devenue trop petite, Nicolet louait le terrain voisin de celui qu'il occupait

(1) *Les théâtres de la foire*, p. 222. Maurice Albert.

et y faisait construire une salle vaste et confortable.
Trois ans plus tard, apparaissait dans sa troupe d'a-
nimaux savants un nouveau pensionnaire, le singe
Turco, la coqueluche des Parisiens, grâce à son hi-
larante imitation du grand acteur Molé tombé malade. Sans citer, tout au long, la pièce de mauvais vers,
inspirés au chevalier de Boufflers, par cet animal si
drôle, nous en donnerons la première strophe :

> Quel est ce gentil animal
> Qui, dans ces jours de carnaval
> Tourne à Paris toutes les têtes
> Et pour qui l'on donne des fêtes
> Ce ne peut être que Molé.
> Ou le singe de Nicolet.

Nicolet, fatigué de donner des spectacles muets, joua
successivement des parades et des petites pièces dialoguées, du genre grivois, dues en partie à la verve de
Taconet.

Cet auteur, ancien machiniste et souffleur à l'Opéra-
comique, était entré chez Nicolet comme acteur
en 1762. Ses meilleurs rôles furent ceux de savetiers
et d'ivrognes, pour ces derniers hélas ! il était lui-
même son meilleur modèle.

Fervent de la dive bouteille, il ne croyait pouvoir
mieux témoigner de son mépris que par ces mots :
« Je te hais comme un verre d'eau »

Devenu très populaire, on le baptisa « le Molière du
boulevard, » pendant que lui-même, sur le titre du
« *Baiser donné et rendu* » s'intitulait : membre des
Arcades du Pont-neuf, du Pont-aux-choux et du Pont-

aux-Tripes, secrétaire de l'Académie aquatique de l'arche Marion et compositeur des théâtres forains ».

Selon de Manne et Ménétrier, il écrivit plus de cent quatre-vingts pièces dont les titres de quelques-unes sont parvenus jusqu'à nous : le *Labyrinthe d'amour*, *la petite Écosseuse*, *parodie de l'Écossaise* de Voltaire, la *Mort du Bœuf gras* etc., etc...

Il mourut en 1775 des suites de son ivrognerie invétérée, à l'hôpital de la Charité où Nicolet avait fondé des lits pour ses acteurs.

Jusqu'au dernier moment, il eut le mot pour rire. Il fit une maladie assez longue. Nicolet vint le voir : Monsieur, dit-il au prieur, n'épargnez rien pour sa guérison, je donnerais cent louis pour le conserver.

« Monsieur Nicolet, réplique Taconet, d'une voix faible et presque mourante, pourriez-vous me donner un petit-à-compte.

Il dit à un charpentier, dont le lit était voisin du sien : « Dépêche-toi, mon ami, d'aller là-bas dresser un théâtre et dis à Pluton que j'y jouerai ce soir à sa cour *l'Avocat Savetier* et la *Mort du Bœuf gras*. » (Dumersan, *Monde dramatique* 1837).

Le succès de ces petites pièces, chez Nicolet, suscita la jalousie des grands théâtres qui obtinrent du Lieutenant de police, une ordonnance enjoignant à leur rival « de ne donner dans sa loge autre chose que des exercices de corde, des pantomimes, des marionnettes, des parades. »

En l'année 1770, un incendie détruisit la baraque;

quelques mois plus tard une véritable salle de théâtre la remplaçait.

Deux ans après, une représentation donnée à Choisy, devant le roi Louis XV, consacrait publiquement le talent de Nicolet et de sa troupe, désormais autorisée à prendre le titre pompeux de « Grands danseurs du Roi ».

Insensiblement, les arlequinades et les pièces dialoguées revinrent au programme et de nouveau les exercices de corde et d'acrobatie ne servirent plus qu'à remplir les entr'actes. Nicolet s'inclina devant l'arrêt de 1784, conférant à l'Opéra le privilège de tous les théâtres forains, et, moyennant une rédevance annuelle de 24,000 livres, fut maintenu, sans débat, à la tête de son entreprise.

Désormais, les Grands danseurs du Roi pouvaient vivre tranquilles et attendre patiemment l'heure de la liberté, en se donnant toute latitude dans la composition de leur spectacle, qui comprendra indistinctement des ballets : les *Noces de Galathée*, le *Déserteur*, *Psyché* ; des drames nationaux : *l'Histoire de la Pucelle*, *le Siège d'Orléans* ; des comédies, des vaudevilles souvent poissards et orduriers de Vadé.

Un pareil programme, ne manqua pas d'enrichir Nicolet, qui, malgré les troubles révolutionnaires, ne sentit pas le besoin de sacrifier aux idées nouvelles, en faisant jouer des pièces politiques.

Jusqu'en 1791, ces dernières se firent rares sur son théâtre, citons toutefois, pour mémoire, le fameux *Jean Bête* de Cousin Jacques.

Dès l'apparition du décret de 1791, source de toute liberté, Nicolet s'adonna à la représentation des tragédies classiques de Corneille et de Racine ainsi qu'à celle des comédies de Molière, parce que, suivant le décret : « ils sont morts depuis plus de cinq ans ». « Rien n'est si comique que de dénaturer le genre de chaque spectacle, aussi celui-ci serait-il coulé à fonds si le directeur n'y subvenait pas. Mais il est riche et il donne des billets, encore faut-il souvent qu'il prie longtemps, pour qu'on les accepte.

Quelle que soit la méthode du sieur Nicolet et les nouveaux projets qu'il adoptera, nous pouvons assurer que son théâtre ne manquera jamais de chalands parce que les filles y ont leurs entrées, et les entreprises fondées sur le libertinage ne manqueront jamais dans une grande ville ». *Almanach général des spectacles de Paris et des provinces 1791.*

Le 22 septembre 1792, le titre de Grands danseurs du Roi était remplacé par celui de Théâtre de la Gaîté. Ce changement de nom, le jour de la proclamation de la République, fut à peu près la seule concession faite par Nicolet au régime nouveau. Au plus fort de la Terreur, son spectacle ne cessa pas d'être toujours le même, des danses de corde, des pantomimes, des farces et des tragédies. Tandis que tous ses confrères s'adonnent avec fureur aux pièces de circonstance, politiques ou religieuses, il se borne à faire acte de patriotisme en donnant de nombreuses représentations « au profit des épouses, mères et

enfants des braves citoyens partis pour les frontières ».

En 1795, Ribié, pensionnaire de Nicolet, prenait la
direction de la Gaîté qui devenait le Théâtre d'Émulation. Le but du nouveau directeur fut de rivaliser
avec l'Ambigu-Comique, en donnant des pièces semblables à celles de ce dernier. Les drames sombres,
les féeries, les ballets-pantomimes et les satires politiques apparurent sur la scène de la Gaîté.

C'est en cette même année 1795 que l'on y joua la
célèbre parade de *Madame Angot* ou la *Nouvelle
Parvenue*, point de départ d'un nombre incalculable
de pièces du même genre.

Madame Angot rapporta, dit-on, plus de cinq cent
mille francs à Ribié, qui l'avait achetée cinq cents
à son auteur, un nommé Maillot.

Pour satisfaire son ambition, Ribié joignit à sa direction de la Gaîté celles du Théâtre Louvois, des
Jardins de l'Élysée-Bourbon et de Tivoli, ce fut sa
perte.

Un an plus tard, le 25 avril 1799, Coffin-Rosny
reprenait le Théâtre d'Émulation et lui rendait son
ancien titre.

« Voilà donc ce théâtre rendu à sa première dénomination, à son institution primitive. La Gaîté, à laquelle
il semblait jadis consacré, va y rappeler tous les amateurs de la farce, de la pantomime italienne et des
tours de force. Cela vaudrait mieux, sans doute, que
ces monstruosités éphémères, que ces drames, enfants

de la médiocrité, que le mauvais goût y faisait quelquefois applaudir.

Le prologue d'ouverture, qui a été fortement applaudi, par plusieurs traits piquants, a donné à entendre que ce genre y serait proscrit et que le but de l'administration nouvelle était d'attirer les spectateurs par la gaîté. Déjà elle a tenu parole, et les danses de corde, les sauteurs nous annoncent que le proverbe vulgaire « de plus fort en plus fort » sera vérifié.....
(*Courrier des Spectacles* de Lepan, 13 pluviôse an VII.)

Malgré ce retour aux spectacles primitifs de Nicolet, Coffin-Rosny dut abandonner.

A un an d'intervalle, la salle était réouverte par un ancien acteur de l'Ambigu-Comique, Mayeur de Saint-Paul, l'auteur du Désœuvré ou l'Espion du boulevard du Temple.

Le programme de la nouvelle direction était contenu dans les vers suivants :

De Thespis, les enfants badins
Contents de leurs joyeux refrains,
Connaissent leur insuffisance
Dans l'art de rendre éloquemment
L'héroïsme et le sentiment.
Ils laissent donc cet avantage
A ceux qu'ils admirent de loin,
En ne s'occupant que du soin
De faire aimer gentil langage
Qu'au temps jadis parlaient Lesage,
Pannard, Gallet, Collé, Favard.
Délasser, amuser et plaire,
Voilà mon but : Sans vanité,
Désormais, on rira j'espère
Au Théâtre de la Gaîté.

Année théâtrale. Alm. pour l'an IX.

2

Mayeur de Saint Paul ne fut pas plus heureux que son prédécesseur. Cuvelier lui succéda et subit le même sort. Un sieur Martin n'hésita pas à prendre la direction de ce théâtre, poursuivi par la malechance, et s'associa à Ribié, de retour d'une peu fructueuse tournée aux colonies.

Les débuts de cette nouvelle collaboration furent pénibles, jusqu'à la première représentation du *Pied de Mouton*, en 1806.

Cette pièce, de Ribié et Martainville, un coup de fortune pour la scène sur laquelle elle fut jouée, est demeurée le prototype des féeries.

Le décret de 1807 mit sur le même rang l'Ambigu-Comique et la Gaîté, en les obligeant à jouer concurremment des pièces du même genre.

A l'expiration du bail de Martin et Ribié (1808), la veuve de Nicolet, désormais sûre de l'avenir, confia à son gendre Bourguignon la direction de son théâtre, reconnu par le gouvernement impérial. La salle démolie fut reconstruite.

« Ce théâtre a fait sa clôture boulevard du Temple, le 30 mai 1808 et a joué à l'ancien théâtre des Jeunes Artistes depuis le 2 juin inclusivement jusqu'au 1er novembre aussi inclusivement, pendant que l'on rebâtissait la nouvelle salle à laquelle, il a ouvert le 3. »
— *Annuaire dramatique* ou *Étrennes théâtrales*, 1809.

A partir de cette date, c'est, à la Gaîté, le règne du mélodrame, interrompu de temps à autre par l'apparition de quelques féeries ou vaudevilles.

Hapdé, Cuvelier, Pixérécourt, Rougemont donnent à ce théâtre leurs plus sombres élucubrations dramatiques : l'*Honneur* ou l'*Echafaud*, le *Jugement de Dieu*, *Jean Sobieski*, etc., etc.

Parfois aussi les mêmes auteurs, donneront prétexte à de fastueux décors, dans des féeries, telles que : le *Petit Poucet*, les *Trois talismans*, la *Queue du Diable*.

La direction de Bourguignon fut aussi rémunératrice, que de courte durée, puisqu'il mourut en 1816. Sa veuve, associée d'abord à Dubois, s'adjoignit dans la suite Dupetit-Méré.

Le retour des Bourbons était célébré en 1815 par un drame : *Henri IV ou la Prise de la Bastille* ; cinq ans plus tard des refrains populaires intercalés dans *Fanfan la Tulipe* :

> C'est le neveu d'un roi de France
> Chéri par le Béarnais.
> N' lui chante pas la triste romance,
> Tu n' l'élèveras jamais.
> Quand l'ennemi viendra le combattre,
> En l' pressant dans tes bras,
> Chante lui l'air d'Henri IV
> Et tu le réveilleras.

célèbraient la naissance du duc de Bordeaux.

Le 28 février 1824, le grand acteur Bouffé débuta à la Gaîté dans le *Cousin Ratine* ; il y créa la *Mauvaise langue du village*, *Minuit*, le *Petit Monstre*, le *Mulâtre et l'Africaine*, *Robinson Crusoë*.

A la mort de la veuve Bourguignon, survenue l'année suivante, Pixérécourt obtint le privilège du théâtre avec Dubois et Marty, auxquels vint s'adjoindre, par ordre du gouvernement, un quatrième, Martainville, que l'on tenait à récompenser de son royalisme et de ses pièces réactionnaires, sans faire appel à la cassette royale.

A cette quadruple direction, succéda Bernard Léon en 1835. Quelques jours après sa prise de possession, le 21 janvier, le théâtre fut entièrement consumé. Son excellente réputation attira à ce malheureux directeur le concours de tous ses collègues qui donnèrent de nombreuses représentations à son bénéfice.

Le 9 août suivant, la Gaîté renaissait de ses cendres :

« La salle nouvelle, à l'extérieur, est commune, plate, mesquine ; au dedans, les couloirs qui entourent les loges sont couverts d'une odieuse couleur jaune d'un effet assez misérable. Mais l'intérieur de la salle est coquettement orné. Le style de la Renaissance, un peu altéré, a été choisi pour la décoration ; le dessin est en général d'assez bon goût, mais la couleur est dure et sans harmonie, le plafond seul est d'un effet plus heureux. » (Alphonse Karr. *Le Monde dramatique*, 1835.)

Le romantisme naissant apparut bientôt à la Gaîté, où les mélodrames devinrent des drames avec tout leur bagage d'adultères, d'infanticides, de parricides et autres horreurs écloses dans l'esprit des dramaturges nouveaux.

Bernard Léon ne put jamais couvrir les pertes subies

au jour de l'incendie ; les charges étant devenues trop
lourdes, il ferma ses portes le 9 août 1837. Un mois
plus tard, jour pour jour, le baron de Cès-Caupenne
rouvrait la Gaîté. Sa direction fut courte et désastreuse, malgré le succès assez retentissant d'un drame,
Pauvre Mère, dans lequel Laferrière débutait sur cette
scène.

Le baron de Cès-Caupenne abdiqua en faveur de
Meyer et Montigny, à qui revient l'honneur de deux
grands succès, encore joués à notre époque : *Le Son-
neur de Saint-Paul* et *la Grâce de Dieu* : Deshayes,
Francisque jeune et Serres étaient en tête de la troupe.

En 1844, Montigny laissait Meyer seul directeur pour
prendre possession du théâtre de Madame.

Meyer resta encore cinq ans à la tête de la Gaîté ;
cette dernière période fut marquée par la première
représentation de la féerie : *Les Sept Châteaux du
Diable.*

Hostein, qui venait d'abandonner le théâtre Historique, acheta la Gaîté, ce fut, pour cet établissement, sa plus belle époque de prospérité depuis sa
fondation.

La troupe comprenait alors Dumaine, Lacresson-
nière, Paulin Ménier, Taillade, Frédérik Lemaître,
Mélingue, pour ne citer que les plus connus.

Les drames représentés furent : *Paillasse, Car-
touche, les Pirates de la Savane, Le Médecin des
Enfants, Les Crochets du Père Martin* et nombre
d'autres, restés les chefs-d'œuvre du genre, et que nos

directeurs actuels sont encore heureux de remettre à la scène aux jours de détresse.

Pendant neuf années, ce ne fut qu'un triomphe perpétuel. En pouvait-il être autrement avec des artistes et des drames de la valeur de ceux cités plus haut. Hostein passa la main à un nommé Harmant qui, pour avoir beaucoup vécu sur le répertoire de son prédécesseur, n'en remporta pas moins quelques succès personnels.

Le 3 août 1862, en vertu d'une prolongation spéciale, la Gaîté fermait ses portes pour cause d'expropriation et s'en allait occuper la salle du square des Arts-et-Métiers. La dernière représentation était ainsi composée :

La Gaîté déménage, vaudeville en un acte de J. Renaud et Delbès.

Le Canal Saint-Martin, drame en cinq actes, de Cormon et Dupeuty.

La modeste baraque de Nicolet avait été le premier théâtre ouvert au boulevard du Temple, la Gaîté y fut le dernier, bravant jusqu'à la dernière minute les fureurs du démolisseur Haussmann.

III

THÉATRE DE L'AMBIGU-COMIQUE

Le fondateur de l'Ambigu-Comique, Audinot, né à Bourmont en Lorraine, vint à Paris pour être perruquier.

Un comédien qu'il rasait et coiffait chaque jour, s'aperçut que notre artiste capillaire était doué d'une assez jolie voix. Sur les conseils de son client, Audinot abandonna les rasoirs et les peignes, pour apprendre l'art du chant.

Si nous en croyons le Désœuvré, ses débuts furent assez mal accueilis. Toutefois le prince de Conti, son protecteur, le fit jouer successivement dans la troupe de Versailles, de là à l'Isle-Adam, à Bordeaux, et aux Italiens, dont il demeura le pensionnaire jusqu'au jour, où on lui refusa l'augmentation qu'il avait sollicitée.

Deux ans plus tard, en 1769, Audinot associé à un sieur Arnould-Mussot ouvrait à la foire St-Germain une baraque de comédiens de bois, de bamboches comme il disait, lui-même, familièrement.

Ses marionnettes n'avaient rien de commun avec celles que le public voyait habituellement. Elles étaient les portraits ressemblants des anciens collègues d'Audinot aux Italiens, et de plus, elles représentaient exclusivement les parodies des pièces jouées à la Comédie-Italienne.

Ce nouveau spectacle eut un éclatant succès, la loge d'Audinot fut chaque jour envahie par le public avide de ce nouveau genre de satire, dont il connaissait bien les victimes.

A l'issue de la foire St-Germain, enhardis par le succès, les deux associés transportèrent leur spectacle au boulevard du Temple, sur l'emplacement même où Nicolet s'était primitivement établi.

Aux parodies, on ajouta quelques ballets et quelques vaudevilles ainsi que la présentation d'un nain, qui devint presque aussi populaire que le singe Turco : c'est alors que la modeste baraque prit le nom d'Ambigu-Comique, pour bien indiquer que les réprésentations qu'on y donnait, étaient variées et de tous les genres (1770).

On appelait alors ambigus, certaines pièces d'un genre indéterminé, qui comprenaient toutes sortes de choses : parodie, drame, comédie, chant, danse.

En cette même année, les enfants remplacèrent les marionnettes, et désormais, sur le rideau, les spectateurs purent lire cette devise à double entente :

Sicut infantes audi nos.

Grâce à la verve souvent égrillarde de Pleinchesne et Moline, le succès de cette troupe enfantine dépassa celui des bamboches. Vainement les grands théâtres s'en émurent ; le public prit fait et cause pour Audinot et ses jeunes acteurs, qui triomphèrent des jaloux.

Comme Nicolet, son rival, Audinot fut appelé à Choisy, par la Du Barry, pour charmer les plaisirs de Louis XV ; ce fut pour son talent et celui de sa troupe la consécration officielle (1772).

De cette mémorable journée, le programme est parvenu jusqu'à nous. Les petits comédiens, sans rien perdre de leur hardiesse devant leur auguste spectateur jouèrent successivement : une comédie de Nougaret : *Il n'y a plus d'Enfants* : un ambigu-comique de Pleinchesne : la *Guinguette*, un ballet pantomime d'Arnould-Mussot : *Chat Botté*, le spectacle prit fin sur la contre-danse polissonne de la *Fricassée*, qui, parait-il, ne réussit pas à dérider le monarque.

Jusqu'en 1784 l'Ambigu-Comique ne connut que des jours heureux ; ce théâtre, au dire de Bachaumont, était plus fréquenté non pas que l'Opéra, (c'eût été trop peu dire), mais que celui de Nicolet.

C'est, durant cette période, qu'apparurent les fameuses pantomimes dialoguées, le grand attrait du théâtre d'Audinot, comme les danses de corde, celui des Grands danseurs du Roi. A la musique, qui d'ordinaire accompagnait les pantomimes, Audinot avait substitué une sorte de dialogue, dont l'importance s'accrut de jour en jour ; aux enfants, qui en avaient été les premiers interprètes, succédèrent de véritables acteurs.

Ces pantomimes dialoguées, toujours montées luxueusement, fournissaient matière à de nombreux et pittoresques décors ainsi qu'à un grand déploiement de figuration. Les unes empruntaient leur sujet à la mythologie, comme *Hercule et Omphale*, ou à l'histoire, comme le *Masque de fer*, les *Quatre fils Aymon*, d'autres enfin et non des moins brillantes étaient inspirées par les faits divers de l'époque, de ces dernières, le modèle-type nous est resté avec le *Maréchal des logis*, d'illustre mémoire.

En 1777 Arnould-Mussot, auteur à ses moments perdus, donna la *Belle au Bois Dormant*. Ce fut un succès inouï, grâce à la toute belle Mlle Masson dont Brazier nous a dépeint si tristement les vieux jours. « Une actrice nommée Louise Masson vint jouer chez Audinot, la *Belle au Bois Dormant*, deux cents représentations ne suffirent pas pour rassasier le public. La cour et la ville, comme on disait alors, voulurent voir cette actrice extraordinaire. Les journaux du temps assurent que cette demoiselle Masson était d'une beauté remarquable. Elle reçut les hommages de tout ce qu'il y avait d'aimable et de riche à Paris. Elle dissipa en folles dépenses des sommes considérables et après avoir passé par tous les degrés de l'infortune, je l'ai vue, moi, je l'ai vue en 1803 pauvre et misérable, affublée d'une robe de gaze en hiver, chanter avec un ancien comédien de province sur ce même boulevard témoin de ses triomphes, les duos du *Tableau parlant* et de *Blaise et Babet*. Tous deux faisaient des gestes, des agaceries, comme s'ils eussent été encore sur un théâtre. Quand la scène était jouée, le vieillard faisait humblement la quête disant : « Messieurs ayez pitié de Mlle Louise Masson ». Ce spectacle faisait peine à voir et j'ai souvent senti mes yeux humides en déposant ma modeste offrande dans la petite tasse de porcelaine! »

En 1784, l'Académie de musique offensée par la faveur dont jouissaient auprès du public parisien, Audinot et tous ses confrères du boulevard, obtenait, le 11 juillet, un décret, qui lui concédait le privilège de tous les spectacles forains, avec faculté de les exploiter par elle-même ou de les faire administrer par autrui. Contrairement à Nicolet, rendu prudent par toutes les luttes qu'il avait soutenues précédemment, Audinot voulut résister.

Mal lui en prit; purement et simplement dépossédé de son théâtre dont Gaillard et Dorfeuille furent déclarés adjudicataires, il dut se réfugier avec sa troupe au Ranelagh, dans la loge délaissée des Petits Comédiens du Bois de Boulogne.

Du fond de sa retraite, de janvier à octobre 1785 il tenta d'ébaucher une longue et coûteuse procédure et de formuler des réclamations quelque peu exagérées.

Avant même que l'affaire ne parut devant un tribunal, Audinot rentrait en maître au boulevard. Sa pensionnaire, Mlle Masson, avait intercédé pour lui auprès des

(1) Brazier. *Histoire des petits théâtres de Paris.*

puissantes influences, soumises à sa beauté ; d'autre
part, le Comte d'Artois et la Reine elle-même, avaient
plaidé sa cause auprès du Roi.

En 1786, Audinot fêtait son retour en inaugurant
une nouvelle salle construite dans le goût gothique,
que le public fréquenta peut-être encore plus assidue-
ment que l'humble baraque des débuts ; une année plus
tard en 1787 l'Ambigu comique retrouvait ses succès
d'antan avec la pantomime dialoguée : le *Baron de
Trenck* de Mayeur de Saint Paul.

Jusqu'en l'année 1791, Audinot vécut presque exclusivement sur son ancien répertoire, encaissant de fructueuses recettes et sacrifiant fort peu aux pièces
nouvelles inspirées par les évènements politiques,
qui se précipitaient.

Il arriva un moment où l'Ambigu-comique, comme
ses autres confrères, dut satisfaire le goût du jour et
donner asile à des pièces politiques dont la modération,
il faut l'avouer, fut toujours le caractère primordial.
Si l'on en croit les contemporains, on ne vit jamais à
ce théâtre les scènes de pugilat, qui, maintes fois,
éclatèrent dans les autres établissements du boulevard.

Si Audinot donna des pièces politiques, ce fut toujours à son corps défendant, n'ayant nul besoin de ces
sortes d'ouvrages pour s'attirer les faveurs du public.
Mais comme tous ses collègues, il devait se conformer
aux lois de 1791, et 1793 par lesquelles la Commune
de Paris enjoignait aux entrepreneurs de spectacles,
de faire jouer la Marseillaise pendant les entr'actes,

et de représenter à chaque décadi une pièce glorifiant les vertus des défenseurs de la liberté (1).

Au jour de la réaction thermidorienne, Audinot toujours prudent, ne fit représenter que des ouvrages d'auteurs très modérés, redoutant d'être la victime d'une exagération politique, quelle qu'elle fût.

A la fin de cette même année 1795 devenu seul directeur, par la mort d'Arnoud Mussot, il abandonnait l'Ambigu-Comique dont il confiait les destinées à Picardeaux, un de ses pensionnaires.

Les premiers mois des fureurs réactionnaires du Directoire passés, Picardeaux s'empressa de redonner à son théâtre son caractère primitif, remettant exclusivement à la scène, les mélodrames, les fééries, les pantomines dialoguées ou chantées, qui avaient enrichi son prédécesseur.

Ses efforts ne furent pas récompensés, puisqu'en 1798, il était contraint d'abandonner ses fonctions directoriales à un acteur de la Montansier, nommé Corsse.

Celui-ci, à ses débuts, ne fut pas des plus heureux, ses jours même étaient comptés, quand un sieur Aude vint lui apporter le manuscrit de *Madame Angot au sérail de Constantinople*. La première représentation en fut donnée le 21 mai 1800, dès lors l'Ambigu-Comique recommençait une ère de prospérité qui devait se poursuivre jusqu'à sa disparition du boulevard du Temple.

(1) Les théâtres du Boulevard. Maurice Albert p. 152.

Corsse interpréta lui-même le rôle de Mme Angot ;
il y fut incomparable et contribua pour une bonne
part au succès de la pièce. En 1801, Audinot retiré
depuis six ans, mourait avec la consolation de voir son
théâtre aux mains d'un homme qui a laissé la réputation d'un grand artiste et d'un directeur philanthrope.

« Adoré de tous ses pensionnaires, car il était bon,
généreux pour tous ceux qui l'entouraient ce fut lui
qui le premier eut l'idée de fonder une école de danse
gratuite pour trente enfants. Mais il voulut qu'en même
temps ces enfants reçussent l'instruction qui leur manquait.

Le travail des élèves été ainsi réglé :

La leçon de danse avait lieu le matin de neuf à onze
heures, puis on allait déjeuner ; à midi on commençait
la classe.

La salle de danse se transformait en école ; un insti-
tuteur pour les garçons, une institutrice pour les filles,
les faisaient travailler jusqu'à trois heures, récréations
jusqu'à quatre, après quoi chaque élève retournait
chez ses parents.

Ces enfants qui, au besoin, paraissaient dans la
pièces à spectacles, recevaient chacun dix francs par
mois.

Ainsi le brave Corsse donnait à ces petits êtres qui,
pour la plupart, appartenaient à des familles que la
fortune n'avait pas comblées de ses faveurs, de l'édu-
cation, un état et du pain. » Bouffé. *Mes Souvenirs,*
p. 31.

Après *Madame Angot au sérail de Constantinople*, ce ne fut plus à l'Ambigu-Comique qu'une suite triomphale de succès tels que *Tékéli*, *le Jugement de Salomon* et beaucoup d'autres pièces signées de Cuvelier, de Caignez et de Pixérécourt, surnommés le Racine et le Corneille du Boulevard.

Par le décret impérial de 8 juin 1806, Corsse voyait son théâtre passer au rang de théâtre de troisième ordre, puisqu'il était considéré comme annexe de la Porte-Saint-Martin, classé dans les théâtres secondaires. Quatorze mois plus tard, le 8 août 1807, la Porte-Saint-Martin était supprimée, et l'Ambigu-Comique remis à son véritable rang, marchait de pair avec la Gaîté, devant jouer tous deux, concurremment des pièces du même genre : mélodrames, féeries et pantomimes ; les ballets, devenus l'apanage exclusif de l'Opéra, étaient interdits.

En réalité, ces décrets impériaux n'entravèrent pas beaucoup la bonne fortune de Corsse, qui néanmoins salua avec plaisir l'avènement de la Restauration en faisant jouer : *Vive la Paix.*

Deux ans plus tard, en 1816, ce directeur modèle « mourut à l'âge de quarante-neuf ans, regretté de tous ceux qui avaient eu le bonheur de le connaître » (1).

L'Ambigu-Comique devenait la propriété de Mme de Puysaye veuve du commanditaire de Corsse ; pendant sept ans, jusqu'en 1823, cette dame dirigea l'entreprise

_____

(1) Bouffé. *Mes Souvenirs.*

avec succès. Surmenée et accablée par une besogne au-dessus des forces féminines, elle céda son théâtre au fils d'Audinot, associé à Sennepart et Franconi.

Ces messieurs, débutèrent par un coup de maître : l'engagement de Frédérick Lemaître, alors pensionnaire à l'Odéon, où il ne se plaisait pas.

« Mais quand descendu sur la scène ; il me fallait écouter immobile et silencieux sous la sombre tunique de Pylade ou d'Arcas, les longues tirades d'Agamemnon ou d'Oreste, le sang me bouillait dans les veines. Malgré moi, j'aurais voulu parler. Il me semblait que cette main du Roi des rois toujours sur mon épaule, comprimait mes ailes et m'empêchait de les dévolopper pour mesurer leur envergure. » Frédérick Lemaître. *Souvenirs.*

Frédérick Lemaître débuta en mars 1823 dans une reprise de l'*Homme à trois visages*, de Pixérécourt ; il y obtint un grand succès ainsi que dans plusieurs rôles interprétés avant la première représentation de l'*Auberge des Adrets*. Cette pièce, de Benjamin Antier, Saint-Amand et le docteur Polyanthe, jouée le 2 juillet, fut sifflée à son apparition. Le lendemain, elle était portée aux nues par un public idolâtre, le génie du grand acteur avait, en vingt-quatre heures, opéré ce magique revirement.

« Frédérick, désolé, cherchait le lendemain, en se promenant sur le boulevard, un moyen de relever la pièce de sa chute, lorsqu'il aperçoit tout à coup un personnage étrange, arrêté devant la boutique d'un marchand de galette. Il regarde cet individu couvert des pieds à la tête de vêtements indescriptibles.

Jadis, on le devine, ces vêtements ont eu un certain cachet d'élégance. Mais ils tombent en lambeaux. La misère et la débauche y attachent toutes leurs souillures, sans que celui qui en est affublé semble rien perdre de son air audacieux et de la bonne opinion qu'il a de lui-même. Campé fièrement sur ses bottes éculées et percées à jour, un feutre crasseux et déformé sur l'oreille, il rompt du bout des doigts un morceau de galette d'un sou, le porte à ses lèvres avec les délicates allures d'un petit-maître et le mange en vrai gastronome.

Sa collation faite, il tire de son habit une loque pendante, s'en essuie minutieusement les mains, époussète son costume immonde, puis continue sa promenade sur le boulevard.

— C'est là mon personnage, dit Frédérick, je le tiens! Effectivement il venait de découvrir en chair et en os le type qu'il avait vaguement conçu lors des répétitions de l'Ambigu.

Robert Macaire était trouvé.

Le soir même, au théâtre, le comédien se montra au public avec un habit, un feutre et des bottes, absolument pareils aux bottes, à l'habit et au feutre de l'homme du boulevard.

Il imite les manières de ce fashionnable en haillons, son calme grotesque, sa dignité sinistre; il décide son camarade Serres à une métamorphose analogue

3

pour le rôle de Bertrand, et la pièce obtient un succès à tout rompre. » — Eugène de Mirecourt (*Les Contemporains*).

Le drame banal et sombre du premier soir était devenu une satire à la manière d'Aristophane.

En 1826, mourut Audinot fils ; sa veuve continua l'association avec Sennepart et Schmol, ce dernier remplaçait Franconi démissionnaire.

L'année suivante, dans la nuit du 13 au 14 juillet, l'Ambigu-Comique était incendié.

Pour cause de sécurité publique, on décréta que la nouvelle salle devrait être isolée, de façon à écarter le plus possible tout danger d'incendie. Ne trouvant pas au boulevard du Temple un emplacement offrant les garanties d'isolement, requises par l'autorité compétente, on décida de transporter l'Ambigu-Comique au boulevard Saint-Martin, au coin de la rue de Bondy, sur un terrain occupé par l'hôtel de M. de Murinais.

Hittorf fut l'architecte chargé d'édifier le nouveau théâtre, existant encore aujourd'hui et qui, toujours sous le même titre, est demeuré le temple préféré du mélodrame.

En désertant les lieux témoins de sa naissance, l'Ambigu-Comique cesse de nous intéresser, puisqu'il ne fait plus partie de cette agglomération de spectacles, connue et désignée sous le nom de Boulevard du Crime, unique sujet de notre ouvrage.

IV

THÉATRE DES ASSOCIÉS

Vers 1770, parmi les nombreux bateleurs du boulevard du Temple, se trouvait un sieur Vienne, ironi-
quement appelé Beauvisage parce qu'il était affreuse-
ment grêlé. Doué d'une physionomie grotesque mais
d'une extrême mobilité, Vienne avait captivé la faveur
des badauds par sa maîtrise en l'art de faire des
grimaces, d'où cet autre surnom de *Grimacier*, sous
lequel il était plus généralement connu. Juché sur un
escabeau assez élevé, Beauvisage exprimait à l'aide
de son masque naturel tous les sentiments et toutes
les passions de l'âme humaine ; invariablement ses
exercices de mimique finissaient par une grimace, toujours la même, il prenait une figure triste et suppliante
qui faisaient pleuvoir dans son escarcelle les sous des
spectateurs apitoyés.

A ce jeu, le Grimacier acquit une grande réputation
qui lui permit d'offrir son concours à Sallé ancien
acteur des Grands danseurs du Roi, devenu pro-

priétaire et directeur d'une baraque de marionnettes, dans laquelle les deux associés ne tardèrent pas d'attirer le public ; Vienne faisait fonction d'aboyeur et remplisait les entr'actes par ses exercices de grimaces.

Quelques années plus tard, une véritable salle de spectacle, remplaça l'humble baraque des débuts et l'on relégua au second plan les marionnettes (1774). Vienne et Sallé étendirent peu à peu leur répertoire en jouant successivement des farces, des comédies en vers ou en prose, des vaudevilles, des opéras sérieux et bouffons, des drames et enfin les tragédies classiques du théâtre Français.

Le théâtre des Associés, c'était le nom donné à la nouvelle salle, pouvait mettre à la scène tous ces genres de pièces, à condition de les faire précéder de Polichinelle et des Marionnettes ; en ce qui concerne les tragédies, leurs titres devaient être changés, c'est ainsi que *Zaïre* devenait le *Grand Turc mis à mort* et *Beverley*, la *Cruelle passion du jeu*.

Après trois ans de succès, les Associés durent fermer leurs portes et quitter le boulevard du Temple par ordre supérieur (1777). La raison de cette disgrâce est demeurée inconnue jusqu'à ce jour et l'on ignorerait encore cette fermeture forcée, si une ordonnance du Lieutenant de police Lenoir, autorisant la réouverture du théâtre, n'était parvenue jusqu'à nous.

La teneur de cette ordonnance est sans intérêt, nous citerons en son lieu et place une sorte de complainte intercalée dans le spectacle de réouverture et chantée

par les comédiens de Vienne et de Sallé, en l'honneur
de Lenoir qui leur rendait la vie.

I

LA FOIRE PERSONNIFIÉE

Je revois la clarté du jour
Et mon cœur se rouvre à l'amour,
Affreuse léthargie !
Je brave ton pouvoir
Ne crois pas que j'oublie
Lenoir... Vive Lenoir !

II

MONDOR

Thémis protège nos essais
Amis, soyons sûrs du succès
Nanteuil, daigne y sourire
Pour nous, quel doux espoir,
Ne cessons de redire
Vive, vive Lenoir.

III

UN CHARBONNIER

Le feu qui nous brûle en ce jour
Vaut mieux que c'ti là de l'amour,
Si la reconnaissance
Devient not' premier devoir
Le cœur fait dir' d'avance
Vive, vive Lenoir.

IV

PREMIÈRE POISSARDE

Les rubans que j'aimons le mieux
Pour nous parer, sont d' rubans bleus,
Si Jérôm' veut me plaire,
Si Jérôm' veut m'avoir,
Je voulons qu'il préfère
Les noirs..... Vive Lenoir.

V

DEUXIÈME POISSARDE

Je n'oublierons jamais qu'c'est ly
Qui nous a fait r'venir icy :

L' portrait d' sa ressemblance
Cheux j' voulons l'avoir,
J'ons dans le cœur sa présence :
Vive..... Vive Lenoir.

L'Espion du boulevard du Temple a consacré au théâtre des Associés, un chapitre qui ne manquera pas d'édifier le lecteur sur la valeur artistique de cette entreprise, et sur le public spécial qui fréquentait ce spectacle : « Ces deux intringants — Beauvisage et Sallé — ont des commissionnaires à qui ils font endosser un habit d'Arlequin, de Pierrot, etc., etc., et auxquels ils font apprendre des rôles d'anciens opéras-comiques, qu'ils font jouer sur le balcon ou dans l'intérieur de la salle. Vous conviendrez qu'il est très plaisant de voir jouer à ces messieurs *Alzire*, ou le *Cid*, ou quelqu'uns de nos opéras-bouffons, on y crève de rire. Mais le plus divertissant est d'y voir jouer à Beauvisage le rôle de *Mahomet*, ou celui de *Beverley* : avec sa voix de taureau, ce gredin-là braille à se faire entendre du boulevard du Temple à Ménilmontant.

Je me trouvai un jour à une représentation de *Beverley* ; à l'endroit où il se met à beugler : « Nature tu frémis ? » le maladroit cassa le verre, et déconcerté, ne sachant comment faire, eut la maladresse de boire dans le creux de sa main. Jugez, par cet échantillon, de l'idée que vous pouvez vous former par ce spectacle. Avant que la police eût interdit les représentations de nuit, les filles se portaient en foule dans ce taudion, parce que là, au milieu de la grosse joie qui y règne, elles passaient autant de caprices qu'elles voulaient ;

de petites loges qu'on leur avait permises, ne laissaient
rien à désirer pour la commodité. Les vieillards qui
se contentaient de toucher, y étaient servis à souhaits ;
c'était le rendez-vous de toutes les prêtresses de la
Montigni et de la Dumas. La suppression des représentations nocturnes a fait aussi cesser ces innocentes
assemblées.

« O vertu ! on ne cessera donc jamais de vous persé-
cuter !

« Malgré que ce taudion ne soit habité que par les
décrotteurs et les filles du boulevard, tant marchandes
de pommes que donneuses de nouvelles à la main, les
Associés retirent chacun par an près de deux mille
écus, tous frais faits, quoique l'Archevêque les con-
traigne, comme Audinot, Nicolet et les Variétés, à
donner le quart de leurs recettes aux pauvres tous les
dimanches et jeudis.....

« Qu'on les laisse faire et, avant une dizaine d'années, ils dameront le pion à Nicolet et à Audinot. »

L'auteur des lignes qui précèdent avait bien auguré.
Malgré la pauvreté artistique de son répertoire, malgré
le mauvais jeu de ses acteurs, le théâtre des Associés
fut un des plus courus du boulevard du Temple. Vers
1790, Vienne mourut, laissant son entreprise à Sallé.
Celui-ci, directeur avisé, ne manqua pas de s'inspirer
des évènements politiques du moment.

Le titre de théâtre des Associés n'ayant plus de
raison d'être, il le changea en celui de théâtre Patriotique. Les pièces de circonstance et les à-propos

politiques succédèrent aux comédies, aux drames et
aux vaudevilles; seules les tragédies classiques subsis-
tèrent.

L'engoûment du public pour le théâtre Patriotique
fut tel que les comédiens français en prirent ombrage
et firent défense à son directeur de jouer leurs tragédies.

Sallé, au désespoir d'abandonner les pièces auxquelles il devait les meilleures de ses recettes, écrivit
la lettre suivante au comité du théâtre Français :
« Messieurs, je donnerai demain dimanche une représentation de *Zaïre*; je vous prie d'être assez bons pour
y envoyer une députation de votre illustre compagnie,
et si vous y reconnaissez la pièce de Voltaire, après
l'avoir vue représenter par mes acteurs, je consens à
mériter votre blâme et à ne jamais la faire représenter
sur mon théâtre. » Lekain et Préville se rendirent à
cette invitation; les héros de Voltaire étaient à ce
point défigurés qu'ils ne les reconnurent pas et pen-
sèrent avoir assisté à une comédie bouffonne tant ils
« crevèrent de rire ». Sallé, le lendemain, obtenait
de la Comédie Française l'autorisation de jouer tout
son répertoire.

En 1795, l'ancien associé de Beauvisage succomba
à une longue maladie pendant laquelle il avait confié
la direction de son spectacle à Magne Saint-Aubin
qui ne réussit pas dans sa tentative directoriale :
« Après la mort de Sallé, le théâtre Patriotique resta
en tutelle et fut loué successivement à différents par-

ticuliers qui ont dégoûté le public entièrement et l'ont mis dans le cas de casser et briser le théâtre par leur mécontentement. » (*Indicateur dramatique*, an VII.)

Après deux ans de clôture, le théâtre Patriotique rouvrait ses portes, sous le titre de théâtre sans Prétention ; le nouveau directeur était un sieur Prévost, ancien pensionnaire de Sallé.

« Le citoyen Prévost, ancien pensionnaire du défunt Sallé, malgré la décadence de ce théâtre, a entrepris de le relever ; entreprise presque folle. Mais, cependant, avec sa manière de se conduire, il en est volontiers venu à bout.

« Il a dépensé beaucoup pour faire restaurer la salle et les décors, donné quantité de nouveautés ; depuis dix-huit mois qu'il a ouvert, l'on a pas changé une seule fois le spectacle affiché..... (*Indicateur dramatique*, an VII.)

Prévost fut le modèle des directeurs. Son activité dévorante n'avait d'égale que sa modestie. Travailleur infatigable, il cumulait toutes les fonctions administratives, successivement directeur, régisseur, décorateur, machiniste, lampiste, buraliste, etc., etc.

Ses multiples occupations ne l'empêchaient pas d'être un bon comédien et un fécond auteur dramatique, non la moindre de ses prétentions.

D'une invention puérile, ses œuvres étaient écrites en un style pitoyable, et cependant, il y attachait une grande importance et menaçait d'en poursuivre les contrefacteurs. Avant toute chose, le directeur du théâtre sans Prétention visait à la sauvegarde de la moralité dans ses élucubrations littéraires ; l'une de ses préfaces en fait foi : « Si l'on plaisante mes ouvrages, on ne peut cependant me reprocher d'avoir corrompu les mœurs par des pièces licencieuses, et il ne restera après moi aucune trace d'inconduite, ni que je me sois dérangé dans mon ménage, ni aucun écrit qui puisse prouver mon immoralité, et qui ait jamais dérangé personne ; ainsi, l'on ne me verra pas obligé de faire au lit de la mort, amende honorable comme le fameux La Harpe ! »

La troupe de Prévost ne renferma jamais d'illustres comédiens ; toutefois il convient de rappeler que, sur la scène du théâtre sans Prétention, Potier fit ses premiers débuts.

« Après avoir été quelque temps sous les drapeaux, je quittai l'armée pour embrasser ma carrière favorite. J'eus l'audace de me présenter au Conservatoire où je répétai une scène de Valère du *Tartuffe*, car j'avais la marotte, comme presque tous les jeunes gens qui rêvent de théâtre, de vouloir jouer les amoureux.

« MM. les professeurs m'écoutèrent avec bienveillance, mais ils jugèrent unanimement que je devais renoncer au théâtre. Mon physique grêle et ma voix cassée m'interdisant toute espèce d'emploi. Je ne perdis cependant pas courage ; il m'en fallut beaucoup, je vous assure, car partout où je me présentai je fus éconduit. Un seul directeur voulut bien m'écouter, celui du théâtre sans Prétention, duquel on disait plaisamment

qu'on était libre de laisser ses sabots à la porte. Ce
directeur m'accueillit donc et me fit jouer plusieurs
rôles de jeunes premiers du répertoire classique qu'on
jouait partout à cette époque, par suite de la liberté
des théâtres. Le public, quoique indulgent, me trouva
tout juste supportable. » (Conversation de Potier avec
Bouffé. — Bouffé. *Mes Souvenirs*, p. 164.)

La fortune du théâtre sans Prétention passa par
maintes alternatives de chutes et de succès; quand
parut le décret impérial de 1807, Prévost dut fermer
son spectacle et du coup fut ruiné.

Le malheur n'attaqua pas son honnêteté et Brazier
nous a conservé le texte d'une affiche placardée sur les
murs de Paris :

« Les personnes à qui le citoyen Prévost est rede-
vable de quelque chose, peuvent se présenter à la
caisse tous les jours, depuis midi jusqu'à quatre
heures. »

Prévost mourut dans le plus grand dénuement,
laissant un grand exemple de probité, chose rare dans
la profession qu'il avait exercée (1830).

CAFÉ D'APOLLON

Quelques mois après sa fermeture, la salle du théâtre sans Prétention fut réouverte sous le nom de Café d'Apollon (1809). Au parterre et dans les loges, des tables avaient été disposées et, moyennant le prix d'une consommation, le public était admis à assister à des pantomimes-arlequinades auxquelles s'ajoutèrent plus tard des vaudevilles et des opéras. Il en fut ainsi jusqu'en 1814, époque à laquelle disparut le café d'Apollon.

Nous ne saurions mieux renseigner le lecteur sur cet établissement, son spectacle et ses artistes, qu'en citant un article paru dans l'*Almanach des plaisir de Paris et des communes environnantes* :

« En parlant des boulevards, j'ai déjà eu l'occasion de citer quelques-uns des principaux cafés qui en font l'ornement... mais ma liste serait incomplète si je ne citais le fameux Café d'Apollon, où l'on donne tous les soirs, été comme hiver, deux ou trois représentations de vaudevilles, pantomimes et opéras aussi bien joués que dans beaucoup de villes de province. La salle, composée de deux rangs de loges et fort bien éclairée, est continuellement remplie d'amateurs qui, sans rétribution et au moyen seulement d'une consommation de rafraîchissements dont le minimum est de 16 s., peuvent jouir d'un spectacle varié et amusant.

Ce n'est pas dans la troupe du Café d'Apollon qu'il faut chercher des Elleviou, des Martin, des dames Duret et Regnault, mais le talent des acteurs qui y figurent est approprié au goût des spectateurs. Si les uns ne recueillent pas autant d'applaudissements que dans les grands théâtres, les autres n'y donnent jamais des marques d'improbation ou du moins le choc des verres, les fumées du punch, les cris des garçons et le bruyant colloque des buveurs empêchent qu'elles ne soient entendues. »

THÉATRE ACROBATE

(Mme Saqui.)

Née à Agde (Hérault) en 1786, morte à Paris, le
21 janvier 1866, Mme Saqui, était la fille de Jean-
Baptiste Lalanne, ancien acrobate forain, devenu le
pensionnaire de Nicolet. Encore enfant, elle fut engagée au même théâtre que son père, jusqu'au jour
où la tourmente révolutionnaire dispersa la troupe des
Grands danseurs du Roi.

Réfugiés en province, les Lalanne dissuadèrent
vainement leur fille de suivre la carrière paternelle
vers laquelle sa vocation l'entraînait. Ce fut à Tours,
dit-on, que la future Mme Saqui reçut ses premières
leçons d'un ancien étudiant devenu danseur de corde.

Très rapidement l'élève surpassa son professeur
ainsi que les autres funambules ; de nombreuses
tournées en province consacrèrent son talent et rendirent son nom populaire.

L'Empire fut, pour la jeune danseuse, une ère particulièrement glorieuse. Mlle Lalanne, devenue Mme Saqui, était tenue en très haute estime par Napoléon, qui

l'appelait *son enragée* et lui conférait le titre de première danseuse de France. Pas une fête n'était donnée à Saint-Cloud, pas une victoire n'était célébrée sans son concours. A la suite de l'Empereur, elle parcourut l'Europe, soulevant partout l'étonnement et l'admiration par sa grâce, son agilité et sa hardiesse.

Sa renommée égalait celle de Talma et son nom était aussi connu, sinon davantage, que ceux des plus célèbres chanteurs italiens.

En 1814, au Jardin Tivoli, où se donnaient des fêtes éclatantes en l'honneur de la paix et du retour des Bourbons, Mme Saqui fit l'admiration des princes étrangers rassemblés à Paris. C'est alors, que mettant à profit les nombreuses influences que lui avait ménagées son talent, elle obtint du gouvernement de Louis XVIII l'autorisation d'ouvrir une salle de spectacle au boulevard du Temple, sur l'emplacement du Café d'Apollon. Le privilège fut accordé à condition que le spectacle ne comprendrait que des danses de corde et des pantomimes-arlequinades dans le goût italien. Jusqu'en 1821, l'entreprise fut des plus florissantes ; une troupe de danseurs habiles entourait Mme Saqui, c'étaient ; les Rovel, les Charigni, les Boigni, Mmes Charigni, Williams, etc., etc., les uns partisans du balancier, les autres soucieux de n'obtenir l'équilibre que par leurs propres moyens.

Mais, revenons de quelques années en arrière.

A côté du spectacle acrobate s'était ouvert, en 1816,

un petit théâtre sous le titre de Funambules, Bertrand et Fabien en étaient les directeurs. Ces derniers voulaient se venger d'une injure faite à l'un d'eux par Mme Saqui. Ils s'appliquèrent tant et si bien à attirer le public chez eux et à le déshabituer d'entrer chez leur voisine que celle-ci demanda grâce, ne pouvant soutenir les déplorables effets d'une concurrence aussi effrénée.

« Monsieur Saqui, — il y avait un monsieur Saqui — c'était même ce monsieur Saqui qui était titulaire du privilège accordé à madame sa femme, le Ministère de l'Intérieur n'ayant pas voulu d'une directrice, quelque célèbre qu'elle fût. Monsieur Saqui, dis-je, s'arrachait les cheveux de désespoir, car son théâtre périclitait outre mesure. On prévoyait une catastrophe...

On vit, par une belle après-midi de printemps, M. Saqui sortir de son théâtre des Acrobates pour entrer dans celui des Funambules et demander à parler aux directeurs Bertrand et Fabien.

M. Saqui, admis en présence des deux associés, leur tint à peu près ce langage :

— Messieurs, Mme Saqui, ma femme, est une grande artiste ; vour ne pouvez le nier. L'univers entier l'a constaté. Eh bien ! Mme Saqui s'humilie, Mme Saqui s'amende, Mme Saqui m'envoie demander à M. Bertrand de vouloir bien oublier les paroles aigres dont elle l'a gratifié il y a quatre ou cinq ans.

— Monsieur Saqui, fit M. Bertrand, votre femme a

été bien coupable, mais elle a été bien punie. Et je comprends les tortures à travers lesquelles « l'ancien marchand de beurre en graisse de veau » a pu la faire passer. Elle se repent aujourd'hui. C'est un peu tard. Cependant je ne suis pas inexorable. Je consens à tout oublier.

— Merci! Ah! merci!... Cela va lui faire bien plaisir.

— En quoi? hasarda M. Fabien. Elle ne suppose pas que nous allons interrompre, devant ses excuses, l'heureuse concurrence qui emplit notre caisse en vidant la vôtre?

— Non, monsieur Fabien, Mme Saqui n'espère pas cela. Messieurs, je n'irai pas par quatre chemins : je viens, au nom de ma femme, vous proposer une association.

Bertrand bondit sur son siège.

— Une association entre un théâtre classé, un théâtre qui honore la littérature française et dont la littérature française s'honore !...

— Oh! la littérature française, hasarda avec un sourire dubitatif le bon M. Saqui.

— M. Augustin Hapdé lui-même nous l'a dit, quand nous avons joué sa pièce *Barbe-Bleue.*

Messieurs, a-t-il affirmé en pleine scène, désormais le théâtre des Funambules peut compter au nombre des théâtres littéraires.

— Enfin continue M. Saqui, ce n'est pas pour le théâtre des Funambules que Mme Saqui vous propose

4

une association, c'est pour le théâtre des Acrobates.
Nous ne nous le dissimulons pas, notre entreprise est
en désuétude. Nous sommes à deux pas de notre
perte.

Mme Saqui n'a plus confiance en moi comme administrateur. Et je pense que cet aveu dépouillé de tout
artifice ne peut que me faire bien venir de vous. Elle
me disait encore hier au soir, avant de nous endormir :
il n'y a que deux hommes qui puissent nous tirer du
précipice dans lequel nous nous sommes plongés. Ces
deux hommes, s'ils veulent oublier les difficultés qu'ont
seuls soulevées les événements, sont MM. Bertrand et
Fabien. Pas de fausse honte!... Saqui, demain va trouver
ces habiles administrateurs de ma part et propose-leur
l'association. Nous apporterons notre théâtre, mon
nom, notre troupe...

— Pas payée, interrompit Fabien.

— Qu'ils apportent leur adresse directoriale, leur
science théâtrale et tout est sauvé.

M. Bertrand se leva majestueusement et prononça
ces paroles qu'il laissa tomber une à une de sa bouche
sacrée :

— Allez dire à Mme Saqui, que devant son repentir,
tout est oublié et que mon associé et moi acceptons ses
offres !

— Mais... fit M. Fabien.

— Fabien! c'est une grande artiste qu'il s'agit de
tirer de la débâcle! Au nom de l'art, il faut accepter.

— Nous acceptons, dit à son tour M. Fabien, gagné.

Huit jours après on pouvait lire à la porte du théâtre des Acrobates, l'affiche suivante :

SPECTACLE ACROBATE

Direction.

MM. Saqui, privilégié, au théâtre; Bertrand, Fabien, directeurs associés; Lafargue, régisseur; Clairville, secrétaire.

Mimes.

MM. Chevalier, Achille, Amable, Martin, Laurent frères, Hinaux, Auguste.

MM^{es} Alleaume, Augusta, Debureau, Placide, Joissant, Clairville, Hinaux, Élisa, Zoé, Justine.

M. Didier, chef des comparses.

Danse.

MM. Godet, maître du ballet; Henri, Constant, Morel, danseurs.

MM^{es} Joissant, Auguste, Louise, danseuses.

Enfants.

Laurence, Justine, Zoé.

Danse de corde.

MM. Charigni, Boini, Lange, Dodo, Bellery, comique.

MM^{mes} Saqui, Charigni, Marcelle, Victorine, Zoé.

Orchestre.

MM. Eugène, chef; Madot, Pichard, Tolbec, Adol-

phe, violons; Vauderland, contre-basse; Nicolas, cla-
rinette; Chrétien, 1ʳᵉ flûte; Charles, 2ᵉ flûte; Erchard,
cor; Ernest, timbalier.

... MM. Bertrand et Fabien s'arrangeaient fort adroi-
tement de façon à ne pas établir de concurrence trop
sensible. Ainsi ils accordèrent au théâtre des Acrobates la supériorité pour la danse de corde, les exercices de tapis ; mais la conservèrent aux Funambules,
pour la pantomime. »

« *Le théâtre des Funambules, ses mimes, ses acteurs et ses pantomimes* par Louis Péricaud, 1897. »

L'association ne fut pas de longue durée, au bout de
neuf mois elle était rompue par le fait de Mᵐᵉ Saqui
qui reprochait aux directeurs des Funambules d'acca-
parer le public. A vrai dire, Fabien et Bertrand étaient
foncièrement honnêtes et agissaient pour le mieux,
mais ils ne pouvaient empêcher le public d'accourir à
leur spectacle pour voir Debureau à ses débuts.

Mᵐᵉ Saqui, redevenue seule directrice du spectacle
Acrobate, passa successivement par des alternatives de
prospérité et d'insuccès. En 1824, son théâtre fut fermé,
non pas faute d'argent comme on l'a prétendu, mais
par ordre, pour avoir joué un jour de fête religieuse.
Ces loisirs forcés, furent employés à la réfection complète de la salle qui devint une des plus jolies du boulevard du Temple. Quand les travaux furent achevés,
on sollicita du gouvernement l'autorisation d'inaugurer
le nouveau théâtre; les travaux entrepris plaidèrent

en faveur de la demanderesse et l'autorité royale se laissa fléchir.

De 1824 à 1830, Mme Saqui ne connut que les succès et soutint aisément la concurrence des Funambules. On lit dans le *Moniteur des Théâtres* : « Quelle femme, quelle sauteuse que cette Mme Saqui ! Quelle hardiesse dans ses jetés battus ! Quelle élévation dans ses entre-chats !

A l'époque où nous eûmes le bonheur de la contempler, les roses de la jeunesse avaient fui loin d'elle. Cinquante automnes, ou bien peu s'en fallait, avaient passé sur son front et sur ses jambes. L'embonpoint commençait à la gagner. Et pourtant, il nous reste des soirées passées à son théâtre, lorsqu'elle se montrait à la foule ravie, un souvenir d'émotions indicibles. Mais aussi comme elle savait ajouter au mérite de ses exercices par la pompe de la décoration. Sur la scène, ce n'étaient que riches tentures de draperies soyeuses ; le nombre des Turcs, ces fidèles croyants, était triplé et leurs vêtements étincelaient de broderies et de paillettes, deux valets en grande livrée se tenaient aux côtés de la danseuse, prêts à la recevoir dans leurs bras si le pied lui manquait.

Crainte inutile ! précaution superflue !

Mme Saqui animée par le démon familier des acrobates, ne connaissait ni obstacles, ni difficultés et l'audace même avec laquelle elle bravait le péril, la sauvait de tout accident. Le cri : assez, jeté par le spectateur alarmé, ne l'arrêta jamais un seul instant.

On tremblait, mais on était sous le charme, et la dernière gambade, le vol à travers l'espace pour regagner la coulisse, était saluée d'un tonnerre d'applaudissements. » ANGEL, *Moniteur des Théâtres*.

En 1830, le spectacle Acrobate changea de nom et s'appela théâtre de Mme Saqui.

De nouveau, la liberté des théâtres étant proclamée, à la danse de corde et aux pantomimes-arlequinades vinrent s'ajouter aussitôt des vaudevilles, des mélodrames et de petites pièces poissardes susceptibles de plaire au public souvent peu raffiné, qui fréquentait ce spectacle.

En 1832, Mme Saqui vendit son entreprise à un sieur Dorsay, qui fit subir à ce théâtre de nombreuses modifications que justifia la réussite « Parmi les petits théâtres du boulevard du Temple, il en est un qu'il faut particulièrement distinguer c'est celui qui a pour nom théâtre de Mme Saqui.

Aujourd'hui que de nouveaux directeurs sont venus l'exploiter, on n'y voit plus comme par le passé, de simples parades, débitées par des acteurs sans talent. Il y a une troupe d'acteurs très supportables et des petites pièces qui ne manquent pas d'esprit, hier, par exemple, on y a joué un mélodrame, tiré des *Contes de l'atelier*, qui a pour titre : *Céline ou le secret d'une femme*, pièce et acteurs ont mérité de justes bravos ». *Entr'acte*, 27 juillet 1832.

Après la vente de son théâtre, Mme Saqui n'en continua pas moins d'y exercer sa profession d'acrobate.

Ce fut seulement à la fin de l'année 1839 qu'elle aban-
donne la danse de corde « Samedi 23 décembre 1839.
Représentation extraordinaire au bénéfice de Mme Saqui et pour sa retraite définitive. Exercices de corde,
le Roi de Paris, drame en quatre actes et à spectacle
par Monsieur Dautrevaux (du Luxembourg). En tête
de l'affiche se lisaient ces mots : Après un séjour de
vingt-cinq ans à ce théâtre Mme Saqui n'a pas voulu
quitter la capitale sans faire ses adieux au public de
Paris qui tant de fois lui donna les marques d'un bienveillant encouragement. La nouvelle administration
s'étant réunie à différents artistes, le spectacle sera
composé ainsi qu'il suit etc., etc... » *Moniteur des
théâtres.* 4 Décembre 1839.

On lisait aussi dans le même journal et à la même
date « Le nouvel acquéreur de ce petit théâtre se propose d'y faire d'importantes réparations. On parle d'a-
bord d'une restauration complète des peintures et
accessoires, puis de l'addition d'un rang de loges qui
permettrait d'offrir au public des places plus com-
modes sans être beaucoup plus chères, la direction,
de son côté, ne voulant pas demeurer en reste, fait des
préparatifs qui doivent rassurer complètement ses
habitués

La saison d'hiver sera formidable. On a mis à l'étude
ou on répète près de quinze ouvrages » *Moniteur des
théâtres,* 4 décembre 1839.

Dorsay voulut aussi changer le nom du théâtre, il
l'appela : *Théâtre du Temple* dirigé par M. Dorsay,

le propriétaire de l'immeuble protesta et l'obligea à reprendre l'ancienne dénomination de théâtre de Mme Saqui.

A partir de 1839, jusqu'à sa fermeture ce spectacle alla de mal en pis, malgré tous les efforts des nombreux directeurs qui se succédèrent.

« Voilà un petit théâtre qui sous le rapport des révolutions, des perturbations intérieures, peut aller sur la même ligne que les grands.

On sait que M. Dorsay successeur de Mme Saqui, a l'été dernier, et moyennant finances bien entendu, abdiqué en faveur de M. Leblanc de Ferrière. Depuis ce moment, l'empire à été en proie à de fréquentes tempêtes. M. de Ferrière a quitté le gouvernail pour le céder à M. Vallier et celui-ci succombant à la responsabilité qu'il avait imprudemment acceptée, se voyait il y a deux mois, déclarer en faillite. Aujourd'hui après nombre de pièces devant toutes les coürs, voilà M. Dorsay qui remonte sur le trône qu'il a momentanément abandonné et qui règne ou du moins compte régner. C'est samedi que s'est faite sa rentrée tout à fait à l'improviste; sans doute quelques changements vont être la conséquence de cette restauration ».

Moniteur des théâtres, 15 janvier 1840.

Deux semaines plus tard on pouvait lire : « M. Dorsay était rentré il y a quinze jours par la force des baïonnettes et accompagné d'un commissaire de police. Lundi, il a été obligé de le quitter en vertu d'un jugement de la cour royale.

C'est actuellement M. Vallier qui redirige cette entreprise. Sans doute il y aura un terme à ces boule-
versements qui ne font pas bon effet sur le public »
(*Moniteur des théâtres*, 29 janvier 1840). Après de longs
mois et d'interminables jugements, Dorsay finit par
sortir vainqueur de ces luttes judiciaires, mais hélas!
il n'eut pas lieu de s'en féliciter car l'année suivante,
la faillite l'obligea bientôt à fermer son théâtre à tout
jamais. — 30 juin 1841.

THÉATRE DES DÉLASSEMENTS-COMIQUES

(Deuxième du nom.)

« Notre avis est qu'à partir du mois d'avril 1857 commencent seulement les véritables Délassements-Comiques » (1).

Malgré la véracité de cette assertion, nous ne négligerons pas de donner un rapide aperçu de l'existence de ce théâtre jusqu'à cette même année 1857 date de sa prospérité.

Pendant l'été de 1841, l'ancienne salle de Mme Saqui s'effondrait sous la pioche des démolisseurs et le 6 octobre, elle était remplacée par celle des Délassements-Comiques sous la direction de Ferdinand Laloue et Ed. Triqueries. L'année suivante Ducré remplaçait Laloue, pour rester bientôt seul à la tête du nouveau spectacle, par suite de la mort de son associé Triqueries.

A Ducré, succéda Lajariette, puis Raimbault qui se ruina et ferma le théâtre. En 1849 Emile Taigny devenait propriétaire du privilège qu'il cédait en 1853 à

(1) Histoire des Délassements-Comiques par deux habitués de l'endroit.

un sieur Jamet, ancien dentiste, qui, accusé de complot politique, alla finir ses jours en prison. Hiltbrümer prit en mains les rênes de la direction, mais fut bientôt entraîné sur la pente désastreuse suivie par ses prédécesseurs.

Pendant ces seize premières années, les Délassements-Comiques ne brillèrent d'aucun éclat, jouant tour à tour le drame et le vaudeville, fermant leurs portes le plus souvent.

Avec la direction Sari, survenue en 1857, les choses changèrent. Ce théâtre, jadis ignoré du grand public, devint le rendez-vous à la mode, grâce au nouveau genre de pièces qu'on tentait d'y acclimater. Ces dernières, c'étaient les pièces à femmes, qui ne manquèrent pas d'attirer chez Sari la jeunesse élégante et dorée.

Les femmes, qui composaient la troupe des Délassements-Comiques, étaient des demi-mondaines désireuses de monter sur les planches, d'y exhiber leurs bijoux et leurs charmes pour captiver le cœur de quelque millionnaire ; ou encore, c'étaient de jeunes débutantes, pressées de parvenir à la haute galanterie. Les unes et les autres ne coûtaient presque rien à leur directeur, qui consentait de ridicules appointements toujours dépassés par les amendes ; laissant à la charge de ses pensionnaires les costumes et souvent même les affiches.

A ce genre de comédiennes, il fallait des pièces appropriées, c'est-à-dire toutes d'exhibition et de mise en scène, c'est pourquoi les revues firent de si nombreuses apparitions aux Délassements-Comiques. Les auteurs se ménageaient dans leur scenario beaucoup de prétextes à décors, à changements à vue; les costumiers déshabillaient de leur mieux ces demoiselles qui d'une voix, fausse le plus souvent, chantaient des refrains égrillards, écrits sur l'endiablée musique d'Hervé, alors chef d'orchestre à ce théâtre.

Ces revues ne furent pas les seules pièces jouées aux Délas'-Com'; des parodies et des vaudevilles y furent aussi représentés.

Amédée Jallais, Jules Renard, Cordoze et plus particulièrement E. Blum et A. Flan étaient les fournisseurs attitrés de Sari.

Ce dernier fit fortune rapidement et vit, chaque soir, défiler au foyer de ses artistes, tout ce que Paris comptait alors de célébrités dans les arts, le demi-monde et les viveurs.

Le 21 avril 1862, les Délassements-Comiques désertaient le boulevard du Temple et s'installaient 26 rue de Provence.

Ne terminons pas ce rapide historique sans signaler le passage chez Sari, de Marguerite la Huguenote, dite Rigolboche, célèbre par sa façon de danser le quadrille et dont le surnom, est encore, pour nous, une évocation bien vivante, des plaisirs parisiens sous le Second Empire.

V

THÉATRE DES DÉLASSEMENTS-COMIQUES

(Premier du nom).

A gauche de l'hôtel Foulon, s'ouvrait, sous le nom de Délassements-Comiques, une nouvelle salle de spectacle (1785).

Dès le début, son fondateur Plancher de Valcour, acteur de province et auteur dramatique sut, par son activité et son ingéniosité, attirer la foule qui se pressait chaque jour au boulevard du Temple.

Depuis près de deux ans, l'entreprise était en pleine prospérité, quand un incendie consuma le théâtre et le matériel (1787).

Plancher de Valcour ne se laissa pas abattre par cette catastrophe et quelques mois plus tard, grâce à de nouveaux capitaux, les Délassements-Comiques étaient reconstruits.

Leur réouverture fut soumise à des conditions aussi draconiennes que stupides, imposées par le Lieutenant

de police Lenoir, sur les plaintes des théâtres voisins,
jaloux des deux années heureuses, qui avaient précédé
l'incendie. Désormais, les Délassements-Comiques
devaient seulement jouer la pantomime, ne pas mettre
plus de trois acteurs en scène et les séparer du public
par un voile de gaze.

Grâce à de puissantes influences, ces sévérités ou-
trancières furent de courte durée ; d'autre part la prise
de la Bastille était proche, ainsi que l'heure de la liberté.

Le jour même du 14 juillet 1789, Plancher de Valcour
déchirait le voile de gaze et s'élançait à l'avant-scène
au cri de « vive la liberté ».

Dès 1790 les événements politiques devinrent la
mine préférée des auteurs dramatiques tels que Fabre,
d'Olivet, Pleinchesne et Valcour. Les pièces qu'ils
composèrent furent très nombreuses et destinées
tantôt à glorifier, tantôt à critiquer les actes du gouvernement (1).

Selon l'*Almanach des spectacles* d'alors, les Délassements-Comiques firent de ces sortes d'à-propos
politiques une invraisemblable consommation.

En pouvait-il être autrement ? Ces productions dramatiques, sans autre intérêt, que leur actualité,
n'étaient-elles pas condamnées d'avance à une existence
éphémère, par la rapidité avec laquelle se succédaient
les événements dont elles étaient inspirées ?

---

(1) *Parmi les pièces de Valcour* on peut citer : Le Vous et le Toi. —
Pourquoi pas ou le Roturier parvenu. — La Discipline républicaine. —
Le Tombeau des Imposteurs ou l'Inauguration du Temple de la vérité.
— Sans Culottide dramatique d'aveu au Pape.

La proclamation de la liberté des théâtres doubla, du jour au lendemain, le nombre de ces derniers et fit naître entre eux la concurrence. Les directeurs rivalisèrent d'ingéniosité pour s'attirer les faveurs du public, c'est ainsi que Plancher de Valcour fit appel à un physicien qui, de deux jours l'un, donnait des représentations sur son théâtre.

« Aujourd'hui, lit-on, dans les journaux du temps, à six heures et demie dans la salle des Délassements-Comiques, M. Perrin physicien célèbre donnera une représentation de ses prestiges :

1° L'encrier uniquement et parfaitement isolé qui fournit à volonté de l'encre rouge, verte, lilas ;

2° Le grand tour du citron ;

3° Le grand tour de la colombe qui rapporte une bague mise dans un pistolet véritable et tiré par une croisée ;

4° L'expérience de la montre pilée dans un mortier et retrouvée aussi belle qu'auparavant, etc., etc.....

Malgré des efforts méritoires, Valcour fut contraint d'abdiquer en faveur de Colon, on était en 1792.

Colon, pas plus heureux que son prédécesseur, dut céder son théâtre après quatre ans de direction à un nommé Deharme. 1796.

Ce dernier, ancien co-associé de Belfort, directeur du théâtre des Jeunes-Elèves de la rue de Thionville, était un acteur de talent et un administrateur avisé. A son répertoire, il inscrivit la tragédie, la comédie, le vaudeville et l'opéra et sut rassembler une excellente

troupe, dans les rangs de laquelle, Joanny, Joly et
Potier débutèrent. Joanny devint une des gloires de
la Comédie-Française, où il fit une ample moisson de
lauriers dans les rôles du duc de Guise, de *Henri III*,
de Ruy Gomez, de *Hernani* et de Tyrrel des *Enfants
d'Edouard*.

Joly, excellait au Vaudeville et aux Variétés dans
les rôles d'ivrognes ; c'est, du reste, dans un rôle semblable qu'il avait débuté aux Délassements-Comiques
dans un monologue de Brazier : l'*Ivrogne tout seul*.

Potier, l'inoubliable Potier, devint le grand premier
rôle des Variétés, celui dont Talma disait : « Je n'ai
jamais vu un acteur plus amusant, plus spirituel et
plus distingué, c'est un véritable comique de cour,
jamais forcé et toujours de bon goût ».

Deharme fit fortune, grâce à ses efforts méritoires
et au zèle de sa troupe, digne d'être récompensée par
le succès. On lit dans l'*Indicateur dramatique de
l'an VII* : « vaudevilles, comédies, parodies rien n'est
étranger à leurs talents, les difficultés ne les arrêtent
point quand il s'agit de contenter le public. Leur zèle
leur tient souvent lieu de mérite et de ce côté ils ne
laissent rien à désirer..... Ce théâtre est souvent un
véritable délassement pour le philosophe et l'homme
de lettres qui veut rire du gros rire de la bouffonnerie.
Ce plaisir vaut bien celui d'avoir la poitrine oppressée,
le cœur serré à une représentation de nos drames
monstrueux et de nos infernales pantomimes ».

Deharme profita de l'heureuse situation de son en-

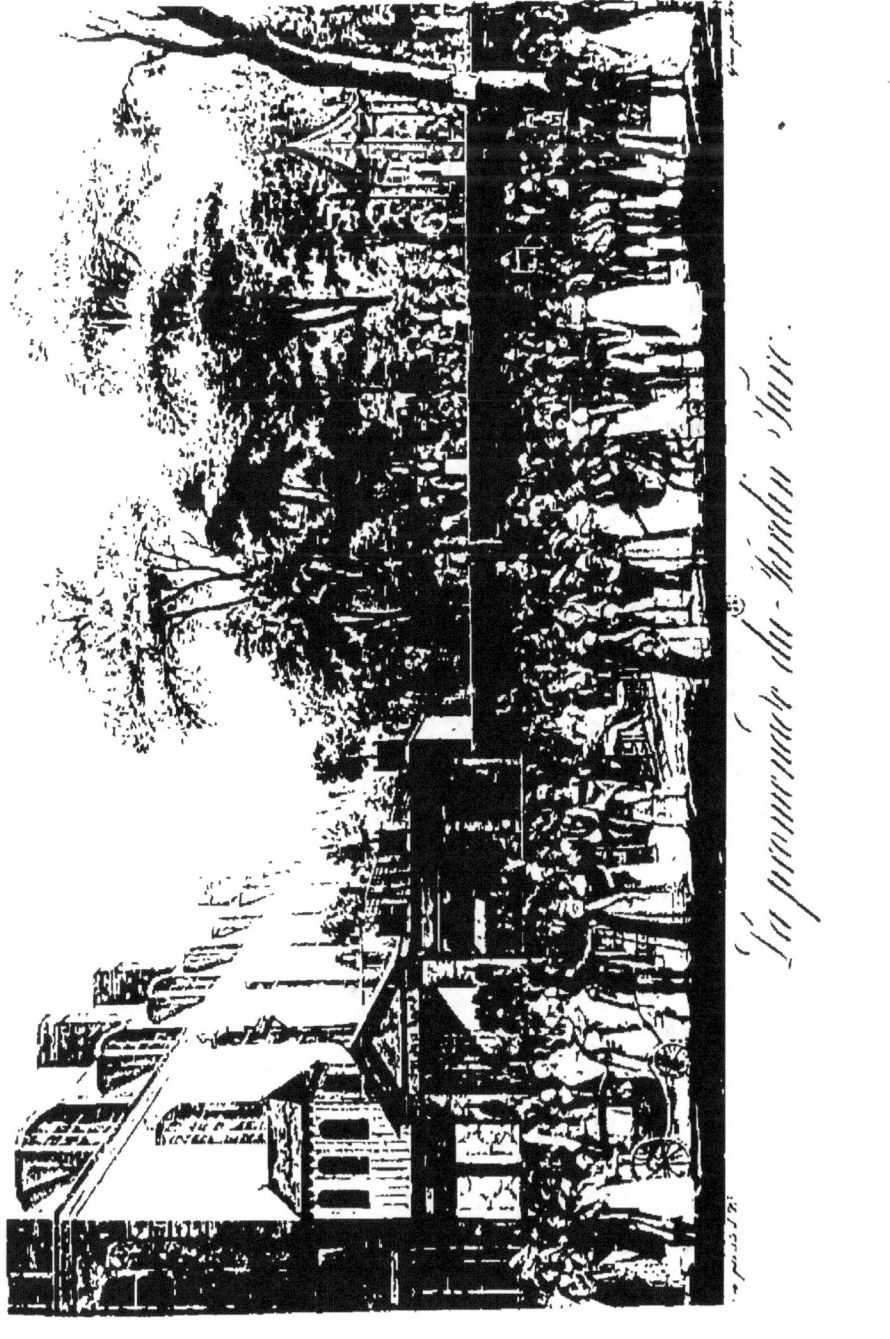

La promenade du Jardin Turc

treprise, pour la céder à un sieur Bellavoine, comédien de province. Avec ce dernier, revinrent bien vite les mauvais jours, suivis de près par la faillite. Après huit mois de fermeture, la salle fut rouverte par Picardeaux, acteur à l'Ambigu-Comique. Le titre du théâtre fut changé, il s'appela désormais, théâtre Lyri-Comique et malgré tout sombra après six mois d'exploitation. Un mauvais génie semblait être attaché à l'immeuble pour en chasser l'art dramatique.

Le Lyri-Comique fermé pendant deux ans fit sa réouverture sous son premier nom de Délassements-Comiques, ayant pour directeur Lebel, ancien acteur audit théâtre. Les débuts furent prospères, grâce à une pièce de Varez et Brazier, intitulée *Kikiki*, parodie originale de *Tékéli*, drame de Pixérécourt, qui faisait alors fureur à l'Ambigu-Comique.

Lebel prit plus tard deux associés; l'un était l'acteur Beaulieu, l'autre le général Thuringe, auteur dramatique à ses moments perdus. Sous cette direction, fut joué, avec un succès inouï, le *Tremblement de terre de Lisbonne*, tragédie inepte, écrite par maître André, le perruquier-poète. On sait que celui-ci avait soumis son œuvre à l'approbation de Voltaire, qui la lui avait renvoyée avec cette annotation sur chaque feuillets : « Faites des perruques. faites des perruques. » L'association fut de courte durée, Beaulieu devint directeur de la Cité, le général Thuringe s'en alla en Russie et Lebel resta seul, mais fort peu de temps. La malechance était revenue assiéger les

5

Délassements-Comiques, qui bientôt disparaissaient pour la troisième fois.

Un an après, le 19 octobre 1805, Anicet Lapôtre obtenait le privilège de rouvrir ce théâtre. La salle fut remise à neuf et une nouvelle troupe composée avec soin ramena la foule à ce spectacle si longtemps délaissé. Le directeur était habile et l'entreprise marchait à souhait, quand survint le décret impérial du 9 août 1807, qui, d'un trait de plume, supprimait vingt-cinq petits des théâtres de Paris. Les Délassements-Comiques, au nombre des victimes, durent conséquemment fermer leurs portes à la fortune, qui semblait vouloir les favoriser désormais.

VI

THÉÂTRE DES VARIÉTÉS AMUSANTES

(Premier du nom).

Louis Lécluze de Thilloy, fondateur du théâtre connu plus tard sous le nom de Variétés-Amusantes, débuta en 1737 à l'Opéra-Comique de la foire Saint-Germain ; ses succès y furent nombreux jusqu'à la fermeture momentanée de ce spectacle (1745).

Lécluze ne se laissa pas prendre au dépourvu, abandonnant du jour au lendemain, les fards et la défroque du comédien pour les pinces et les daviers du dentiste. D'acteur forain à... arracheur de dents il n'y avait qu'un pas, ne manqueront pas, de dire les railleurs ; c'est possible. Notre homme ne s'en distingua pas moins dans sa nouvelle carrière; nommé chirurgien-dentiste du roi de Pologne, Voltaire l'appela à Ferney pour y donner ses soins à sa nièce Mme Denis. Agé de soixante ans, Lécluze abandonnait l'art dentaire, pour remonter sur la scène et ouvrir à la foire Saint-

Laurent de 1778, une salle de spectacle, dans laquelle une foule nombreuse vint applaudir ses imitations de certains métiers et de certains personnages.

Enhardi par le succès, il résolut de transporter son théâtre sur le boulevard du Temple, devenu le rendez-vous à la mode; à côté du Waux-Hall de Torré, il acheta un terrain sur lequel il fit construire.

En attendant l'achèvement des travaux, Lécluze loua la salle de Torré et y continua son spectacle :

« Le sieur Lécluze donnera aujourd'hui, demain et samedi relâche.

Dimanche prochain, la première représentation des *Deux Cousins* précédés de *Tenir vaut mieux que promettre*, suivis du *Nœud d'amour* avec le *Ballet pastoral*, dans la salle de l'Ambassadeur du sieur Torré où le sieur Lécluze continuera de représenter tous les jours jusqu'à l'ouverture de son spectacle rue de Bondy. » *Journal de Paris*, jeudi 22 octobre 1778.

Par malhéur le Waux-Hall de Torré n'était point suffisamment aménagé pour défendre les spectateurs contre le froid ; l'hiver fut rigoureux et Lécluze dut suspendre ses représentations.

« Le sieur Lécluze, à cause de la rigueur de la saison et de la disposition du lieu, donnera Relâche, jusqu'à l'ouverture de sa nouvelle salle qui se fera incessamment. » *Journal de Paris*, 6 janvier 1779.

Trois mois plus tard, l'insertion suivante paraissait :

« L'ouverture du théâtre du sieur Lécluze se fera

aujourd'hui dans la nouvelle salle du boulevard Saint-Martin, à côté du sieur Torré, par le *Retour à la lumière*, prologue nouveau suivi de la première représentation du *Jugement de Pâris*, mélodrame mêlé de danse et de musique, suivi de la *Bataille d'Antioche*, pièce en un acte, précédée de la *Fête de Saint-Cloud*, aussi en un acte. Même spectacle les jours suivants. » *Journal de Paris*, 12 avril 1779.

Nos directeurs de théâtres modernes, si parcimonieux d'art dramatique et si prodigues d'entr'actes, pâliraient à la lecture d'un pareil programme.

Malgré la complète réussite de *Jano: ou les Battus payent l'amende*, les jours du théâtre du sieur Lécluze étaient comptés.

La modeste fortune du directeur ne pouvant suffire aux dépenses d'une entreprise théâtrale à son début, Lécluze faisait faillite et échappait à ses créanciers en se réfugiant dans l'enclos du Temple où il devenait inviolable. « Le spectacle des Variétés-Amusantes, connu ci-devant sous le titre de la troupe du sieur Lécluze, donnera aujourd'hui *Les Battus payent l'amende*, précédés des *Bons amis*, pièce nouvelle en un acte, en vers avec ses agréments, et des *Consultations*, pièce en un acte. Après souper : *Les Battus payent l'amende*, précédés des *Amours de Montmartre*, pièce en un acte avec divertissement. » *Journal de Paris*, 12 juillet 1779.

Malter, Fierville et Hamon, tous trois anciens danseurs de l'Opéra, commandités par un certain Mercier, achetèrent le théâtre de Lécluze et lui donnèrent le nom de Variétés-Amusantes.

Longtemps, cette nouvelle direction vécut sur le succès de Dorvigny : *Janot ou les Battus payent l'amende*, ce qui fit dire à l'*Espion du boulevard du Temple* : « Je voudrais bien que l'on supprimât cette fausse épithète et ce titre ne convient pas du tout à ce théâtre, où on ne donne toujours que la même chose...

Mais consolons-nous, ils (les directeurs) doivent, plus qu'ils n'ont vaillant : ainsi ils seront bientôt contraints à fermer. » La nouvelle direction n'en subsista pas moins jusqu'au 14 juillet 1784, date à laquelle, elle fut purement et simplement dépossédée par l'arrêt du Conseil d'Etat qui conférait à l'*Académie royale de musique* le privilège de tous les théâtres de Paris.

Deux anciens directeurs du théâtre de Bordeaux, Gaillard et Dorfeuille, sollicitèrent et obtinrent les Variétés-Amusantes.

Après avoir traité avec le Duc d'Orléans, et moyennant une redevance de 60.000 livres envers l'Opéra et de 50.000 envers les Hôpitaux, ils transportèrent leur théâtre au *Palais Royal*. « Aujourd'hui, 1ᵉʳ janvier, au Palais Royal, la première représentation du *Palais du Bon Goût*, prologue d'ouverture avec ses agréments; *Boniface Pointu et sa famille*, le *Danger des Liaisons* et l'*Enrôlement supposé*, pièce poissarde.

Prix des places : premières loges, 3 livres; secondes et parquet, 1 livre 10 sols ; amphithéâtre, 1 livre.

S'adresser pour louer des loges au n° 105. » *Journal de Paris*, 1er janvier 1785.

Aussitôt installées au Palais-Royal les Variétés-Amusantes simplifièrent leur dénomination pour ne plus s'appeler que théâtre des Variétés.

C'est dans cette salle du Palais-Royal, sise au coin de la rue de Richelieu, que vinrent se réfugier Talma, Grandmesnil, Dugazon, Mme Vestris, Desgarcins et Lange après leur retentissante scission avec les *Comédiens du théâtre de la Nation, comédiens ordinaires du Roi*.

Le théâtre des Variétés prit alors le titre de *théâtre du Palais-Royal*, titre, qui ne fut que passager et céda bientôt la place à celui de *Théâtre de la République*, notre *Comédie-Française* actuelle.

Cet aperçu historique demeurerait incomplet, si nous omettions d'associer au souvenir du sieur Lécluze et de ses successeurs celui de l'acteur Volange. Ce comédien, né à Nantes, débuta dans la troupe de Lécluze ; il y resta parfaitement inconnu jusqu'au jour où il créa, de façon si remarquable, le personnage de *Janot*.

Grisé par le succès, il quitta les *Variétés-Amusantes* à plusieurs reprises pour jouer à la *Comédie-Italienne*, à l'*Ambigu-Comique*, en province et à l'étranger ; toutes ces pérégrinations n'ajoutèrent rien à sa gloire.

De toutes les nombreuses créations de sa carrière, celle de Janot est parvenue jusqu'à nous ; empressons-nous de dire qu'il fut incomparable, ainsi que le prouvent les mémoires du temps.

« Il amuse le public, non seulement en scène, mais encore dans la société. Il n'est pas de bonne fête où on l'appelle et dont il ne fasse les délices. Dernièrement il a eu un petit rhume, sa porte le lendemain est devenue inaccessible pour les carrosses ; les femmes de qualité envoyaient savoir de ses nouvelles et les plus grands seigneurs venaient en chercher eux-mêmes. On ne sait jusqu'à quand durera ce délire ; il doit être long en ce que c'est véritablement un grand acteur qui, par son naturel exquis, donne du relief aux plus grosses balourdises dans ces farces foraines...

On a modelé Janot en porcelaine de Sèvres et son buste en cette matière est l'étrenne à la mode ; la Reine en a pris plusieurs pour distribuer à ses favoris et favorites. « (*Mémoires secrets du 30 décembre 1779.)*

« Janot fut le successeur de Voltaire ; trois mois après le triomphe de Voltaire, le Parisien oubliant les trente-neuf académiciens qui restaient, accueillit Janot avec le même enthousiasme. Il jouait dans une farce qui, plus heureuse qu'*Irène*, eut cinq cents représentations. L'idiôme de la dernière classe du peuple s'y trouvait exprimé au naturel, et le jeu vif de l'acteur, son accent sûr, formaient un tableau qui, dans sa bassesse, avait un mérite extrêmement rare sur la scène française, la parfaite vérité. » (Mercier.— *Tableau de Paris.)*

Grâce à Volange, le personnage de Janot est venu jusqu'à nous, pour qui, il est encore synonyme de bêtise stupide et de naïveté exaspérante. Ce n'est pas, à notre avis, un mince mérite pour un acteur que de savoir donner à un personnage un caractère aussi indélébile; en ayant eu le rare talent d'y parvenir, Volange avait droit que la postérité s'en souvînt.

THÉATRE FRANÇAIS COMIQUE ET LYRIQUE

Clément de l'Ornaizon, directeur des Bleuettes-Comiques, était désireux de diriger un théâtre plus important que celui aux destinées duquel il présidait. Après s'être associé à un certain Desnoyers, il fit construire une nouvelle salle de spectacle sur l'emplacement jadis occupé par Lécluze et devenu vacant par la démolition des premières Variétés-Amusantes, transportées au Palais-Royal en 1784.

« La salle est une des plus jolies qu'il y ait en France, la coupe en est élégante et les ornements faits avec goût. On regrette qu'elle soit trop petite, mais on engage les entrepreneurs à sacrifier leur vestibule et leur foyer, qui sont trop étroits pour être utiles, et à donner plus de longueur à l'amphithéâtre.

Prix des places : Loges grillées, 3 liv.; balcons et premières, 2 liv.; amphithéâtre et parquet, 1 liv. 10 s.; troisièmes ou paradis, 12 sous. » (*Album général de tous les spectacles de Paris et des provinces 1791.*)

L'ouverture eut lieu le 26 juin 1790.

« Théâtre Français Comique et Lyrique, rue de Bondy, au coin de celle de Lancry, boulevard Saint-

Martin. — Demain, 26, pour l'ouverture : *Le Danger des conseils*, comédie en 1 acte, en vers, et *Les Trois Mages*, opéra-bouffon en trois actes. S'adresser, pour louer des loges, au directeur, rue de Bondy, au coin de celle du faubourg Saint-Martin. » — *(Journal de Paris, 25 juin 1790.*

Le vaudeville, la comédie, le drame et l'opéra-comique composèrent le répertoire de ce nouveau théâtre. Toutefois, il convient d'ajouter que Cl. de l'Ornaizon et son associé se firent, dès le début de leur entreprise, une spécialité des pièces de circonstances, inspirées par les événements politiques du moment. Ils suivaient en cela l'exemple des Associés, des Beaujolais, des Délassements-Comiques et en général de tous les petits théâtres nés au lendemain de la prise de la Bastille et à la veille du décret de 1791.

De juin à novembre 1790, le théâtre Français Comique et Lyrique vécut sans grand éclat, quand Cousin Jacques (1) apporta aux directeurs son manuscrit de *Nicodème dans la lune ou la Révolution pacifique,*

Cette pièce politique, qui tranchait sur celles précédemment jouées, par la hardiesse de ses allusions, fut un coup de fortune pour Cl. de l'Ornaizon et Desnoyers. Elle eut, au dire des journaux de l'époque, trois cent soixante-treize représentations consécuti-

(1) Cousin Jacques, pseudonyme de Beffroy de Reigny, ancien professeur ; il était l'auteur de plusieurs poèmes burlesques : Turlututu, Hurluberlu, les Petites maisons du Parnasse ; le fondateur d'une sorte de revue comique : Les Lunes. — Beffroy de Reigny était poète et musicien. — Les théâtres des boulevards par Maurice Albert, p. 35.

ves. Le rôle de Nicodème fut créé par l'acteur Juliet, une des gloires futures du théâtre Feydeau. Grisés par le succès de la pièce de Cousin Jacques, les directeurs ne firent plus représenter à leur théâtre que des pièces politiques, exclusivement. C'étaient : l'*Orphelin et le curé*, les *Vœux forcés*, l'*Artiste patriote*, le *Mariage des prêtres*, etc., etc...

Dans les derniers mois de 1793, au plus fort des atrocités révolutionnaires, Le théâtre Français Comique et Lyrique disparaisait, victime d'une mauvaise administration.

THEATRE DES JEUNES ARTISTES

Dans l'ancienne salle du théâtre Français Comique et Lyrique, Boirie, père de l'acteur du même nom, associé à un sieur Cailleau, fonda un nouveau spectacle sous le titre de théâtre des Jeunes Artistes (1794).

Les premières pièces qu'on y représenta furent les pièces politiques réactionnaires de Martainville; les Jacobins et les horreurs de la Révolution y étaient violemment malmenés. Plus d'une soirée fut orageuse et se termina par un sanglant pugilat.

Le théâtre des Jeunes Artistes subsista jusqu'en 1807, traversant des fortunes diverses sous les directions successives de Foignet père et fils, associés à Leroi, de Robillon aîné et de Carmouche.

Trois noms illustres se rattachent à l'histoire de cette scène, ce sont ceux : de Désaugiers, le chansonnier, et des deux Lepeintre, qui firent plus tard la fortune des Variétés et du Vaudeville.

Aux Jeunes Artistes, Désaugiers donna ses premières pièces : *L'Entresol, Les deux Dévotes*, etc., etc., et chanta ses premières chansons; sur la même scène Lepeintre aîné et son frère firent leurs premiers

pas. Ce trio d'artistes est suffisamment glorieux pour
que la postérité n'oubliât pas ce petit théâtre qui, en
favorisant les débuts de ces derniers, avait bien mérité
de l'art dramatique.

Traversant des fortunes diverses, cette modeste entreprise subsista, tant bien que mal, jusqu'au 14 août
1807, date à laquelle, elle dut fermer ses portes pour
satisfaire au décret impérial.

VII

SPECTACLE DES ÉLÈVES POUR LA DANSE
DE L'OPÉRA

« Les élèves pour la danse de l'Opéra feront demain l'ouverture de leur spectacle par la *Jérusalem délivrée*, tragédie-pantomime tirée du Tasse. » (*Journal de Paris*, 6 janvier 1779.)

« On a ouvert hier ce spectacle par la première représentation de la *Jérusalem délivrée ou Renaud et Armide*, tragédie-pantomime en 4 actes. Il serait trop long de suivre les détails de cette pièce dont le programme d'ailleurs est imprimé et se vend à la porte 24 sols ; elle est composée par M. le Bœuf qui a pris pour épigraphe :

« Un coup d'essai mérite l'indulgence.

La salle nous a paru d'une composition agréable ; elle a la forme parfaitement circulaire et ressemble en ce point à celle de la ville de Versailles. On a applaudi à sa décoration et surtout à celle de l'avant-scène dont l'ouverture paraît un peu resserrée.

L'architecte M. Henry obligé de se conformer à certaines convenances, qui sont autant d'entraves pour les artistes, a donné à ses loges plus de profondeur qu'elles n'auraient peut-être dû en avoir.

« Il y a une idée assez heureuse et neuve dans la manière de remplacer la toile qui se baisse dans les entr'actes, c'est un nuage qui s'élève de terre et se marie avec ceux qui sont déjà dans les airs. » (*Journal de Paris*, 8 janvier, 1779.)

Abraham, ancien danseur à l'Opéra, et Tessier, ex-acteur de province, avaient obtenu le privilège d'ouvrir ce nouveau spectacle, sis au boulevard du Temple, en face la rue Charlot.

Leur intention était de former des sujets pour le corps de ballet de l'Opéra, en ne faisant jouer à leurs artistes, qui étaient des enfants, que des pantomimes et des ballets.

Il est plus que probable qu'Abraham et Tessier n'étaient pas tant soucieux de fournir de bons élèves à l'Académie royale de musique, que de poursuivre un but beaucoup plus rémunérateur, bien qu'immoral, en spéculant sur la jeunesse de leurs pensionnaires.

Quoi qu'il en soit, l'entreprise périclita ; le succès de la *Jérusalem délivrée* s'épuisa et l'argent fit défaut. Nous laissons la parole à l'*Espion du boulevard du Temple*.

« Ce spectacle se soutint pendant quelques mois, que les recettes étaient bonnes ; mais le public, las de toujours voir la même chose, et eux n'ayant pas le moyen de monter du nouveau, ils ont bientôt vu leur salle déserte. Il fallait pourtant payer leurs sujets, où ils allaient se retirer. Comment faire?

Pariseau, intrigant, n'avait pas un sou; mais, en revanche, il désirait beaucoup être directeur. Comme il fallait à Tessier et à Abraham quelqu'un qui fournît des fonds, il fit tant et tant que, leurrés par son langage insinuant, plusieurs personnes lui délièrent leurs bourses. Il y puisa six mille francs, avec lesquels il entra aux Élèves en qualité d'un des directeurs. Abraham lui cédant son droit moyennant une rente de cent louis, voilà notre remuant Pariseau directeur. Il change toute la face du spectacle; il renvoie les uns, diminue les autres, veut jouer la comédie et ne la joue que lui seul. Sa devise était : *audite hoc omnes gentes.* Il accepte des pièces de différents auteurs, qu'il donne sous son nom. Enfin le voilà chef des Élèves de l'Opéra, et ce spectacle se trouve dans un dépérissement où on ne l'a jamais vu.

« Mons Pariseau, au lieu de donner de temps en temps quelques louis aux créanciers et au peu d'acteurs qui lui restent, devient amoureux de la petite Bernard, danseuse de ce théâtre, et dépense avec elle le produit des recettes qu'il fait chaque jour. Bientôt il doit de toutes parts, les assignations l'assiègent; il se voit réduit vingt fois à se dérober aux griffes des archers, en s'évadant par une porte de derrière, une autre fois par une fenêtre et se sauvant sur les toits, etc., etc...

« Tant va la cruche à l'eau qu'enfin elle se casse, a dit

6

Sancho ; aussi cela ne manqua-t-il pas. Le magistrat, étourdi et rebuté par tous les mémoires donnés contre Pariseau, tant des sujets, que des fournisseurs, qui ne recevaient pas un sol, interdit ce spectacle qui, pour le bonheur de vingt créatures, aurait dû l'être un an plus tôt. » (*Le Désœuvré* ou *L'Espion du Boulevard du Temple*, p. 21.)

Le spectacle des Elèves pour la danse de l'Opéra avait exactement vécu dix-huit mois (août 1780). Abandonné par sa maîtresse, Mlle Bernard, Pariseau entra comme répétiteur à l'Ambigu-Comique d'où il fut chassé après un court séjour. Devenu journaliste il défendit avec acharnement le principe de la Monarchie, ce qui lui valut de mourir sur l'échafaud comme un vulgaire aristocrate (1793).

THÉATRE DES BEAUJOLAIS

La salle des Élèves pour la danse de l'Ópéra resta
fermée de 1780 à 1787. Cette même année, elle rouvrit
ses portes pour abriter, pendant quelques mois seulement un spectacle de Jeux pyrrhiques ou feux et illuminations aérostatiques. En 1790, les Petits comédiens de S. A. S. M. le comte de Beaujolais, chassés
du Palais Royal par la Montansier, vinrent se réfugier
au Boulevard du Temple, dans l'ancien théâtre de
Abraham et Tessier.

« Le duc de Chartres, le futur Philippe Égalité
avait fait construire par l'architecte Louis, pour l'amusement du petit comte de Beaujolais, son fils, une
salle de spectacle au Palais Royal (1784).

Ce ne fut tout d'abord qu'une scène de marionnettes
que le populaire dénomma communément les Beaujolais. Aux marionnettes succédèrent bientôt des enfants
qui mimaient leurs rôles, que d'autres artistes parlaient et chantaient dans les coulisses. C'était à la fois
étrange et grotesque, il n'en fallait pas davantage
pour attirer le public. Les enfants furent bientôt sup-
plantés par de véritables acteurs, ceux-là mêmes qui

étaient jadis relégués dans les coulisses. Les Beaujolais n'avaient dès lors plus rien qui les distingua des
autres théâtres. Chassés du Palais Royal, ils émigrè-
rent au boulevard du Temple, en face du jardin Turc,
et y continuèrent leur spectacle composé de vaudevilles d'opéras et de pantomimes mêlées d'ariettes dont
Piccini et Chardini écrivirent la musique. »

Situés dans un quartier lointain, délaissé du beau
monde, dirigés par de Lormel homme léger et dépen-
sier, les Beaujolais demeurèrent longtemps dans une
situation précaire. «....... sa translation dans un quartier très éloigné et dans le voisinage des spectacles
forains qui sont d'un autre genre, a mis le comble à
son infortune. Il a fermé plusieurs fois, cette année, par
la position du nouveau directeur. Cependant depuis
les deux pièces de *La Fédération,* il paraissait vouloir
se ranimer....... (*Almanach général de tous les spectacles de Paris et des provinces,* 1791.

En proie à la mauvaise fortune, les Beaujolais ou-
blièrent leur origine et leur bienfaiteur.

Devant les succès remportés sur les théâtres par les
pièces patriotiques, ils n'hésitèrent pas à célébrer, eux
aussi, les conquêtes de la Révolution française.

La Fédération et le *Retour du Champ de Mars,*
deux pièces fédératives de Cousin Jacques, firent encaisser de grosses et fructueuses recettes aux Beaujolais qui malgré tout disparurent, exactement un an
après leur exode du Palais Royal.

THÉÂTRE DU LYCÉE DRAMATIQUE

Quelques mois après la fermeture des Beaujolais, la salle fut réouverte sous le nom de Lycée dramatique 1791.

Cette entreprise était comme beaucoup d'autres le résultat hâtif de la liberté des théâtres récemment proclamée.

Pareillement à tous ses confrères, nés en semblable circonstance, le Lycée dramatique, était d'avance condamné à une fin prochaine.

Après deux ou trois mois d'exploitation, ce théâtre agonisait sans avoir, en aucun moment de son existence, attiré l'attention du public.

« Ce théâtre est établi sur le boulevard dans la salle construite il y a quelques années pour les élèves de l'Opéra. Il nous a paru, qu'il n'est pas composé de manière fixe. Ce sont différents amateurs qui s'y exercent et jouent ordinairement les principaux rôles. Les comédiens, qui se trouvent à Paris sans être placés, s'arrangent entre eux pour remplir les autres rôles et la recette se partage ensuite sans doute, parmi ceux qui ont coopéré à la représentation. Tels sont les renseignements qu'on a pu nous donner sur ce théâtre, nous avons vu deux ou trois tragédies de Voltaire assez bien représentées. » *Les spectacles de Paris et de toute la France.*

THÉATRE DES VARIÉTÉS AMUSANTES

(*Deuxième du nom*).

THÉATRE DE LAZZARI

Après la fermeture du Lycée dramatique, la salle ne resta pas lontgemps abandonnée ; un italien, du nom de Lazzari, la loua pour y installer un spectacle tout différent de ceux ordinairement offerts au public par les théâtres du boulevard du Temple.

Au début, Lazzari s'adonna exclusivement à la pantomime dans le goût italien. Il était lui-même un excellent acteur et remplissait d'une façon remarquable les rôles d'arlequins.

« Un italien, qui a beaucoup de talent pour jouer la pantomime, a élevé ce spectacle en l'année 1791, d'abord sous son nom et ensuite sous celui de Variétés-Amusantes, dans la salle bâtie autrefois pour les Élèves de l'Opéra, en face de la rue Charlot. Ce petit théâtre offre plusieurs ouvrages dignes de piquer la curiosité du public. Son directeur le citoyen Lazzari, joue les arlequins avec un véritable comique. Cet homme est souvent même extraordinaire dans plusieurs pantomimes, telles qu'*Ariston*, l'*Amour puni par Vénus*, l'*Esprit follet* et en général, dans les canevas italiens qu'il a apportés de son pays et qui rappellent ceux où le célèbre Carlin déployait tant d'esprit, de grâces et de souplesse. Le citoyen Lazzari est surtout étonnant dans ses déguisements à vue. Il se trouve habillé de cinq ou six manières différentes, sans que vous l'ayez vu quitter la scène, et son agilité est au-dessus de tout éloge.

Ceux que nous donnons à ce théâtre ne paraîtront pas exagérés à nos lecteurs, s'ils veulent en juger par eux-mêmes. » *Spectacles de Paris et de toute la France, 1794.*

Lazzari était un travailleur, le succès répondit à son effort. Il donna à son théâtre, le nom de Variétés-Amusantes ; celles, qui avaient émigré au Palais-Royal, ayant abandonné ce titre pour prendre celui de théâtre du Palais-Royal, changé quelques années, plus tard, en celui de théâtre National de la République.

A la pantomime, vinrent bientôt s'adjoindre les mélodrames, les vaudevilles mêlés d'ariettes, les opéras et les opéras-comiques.

Ce fut chez Lazzari, que débuta Frédérick-Lemaître dans un rôle à quatre pattes et sous la peau d'un lion dans un insipide mélodrame : *Pyrame et Thisbé*. Le neveu de Grétry fit jouer sur la scène des Variétés-Amusantes (2ᵉ du nom) son opéra-comique la *Noblesse du Village*.

Au jour de la réaction thermidorienne, les Variétés-

Amusantes, ainsi que le théâtre Molière et celui de la Cité-Variétés, se distinguèrent par la représentation de pièces réactionnaires telles que : l'*Intérieur des Comités révolutionnaires*, les *Jacobins aux Enfers*, les *Jacobins et les Brigands*.

Lazzari ne connut à vrai dire que la prospérité, durant toute sa direction, jusqu'au jour où un incendie consuma son théâtre. 30 juin 1798.

« Le feu prit avant-hier au théâtre des Variétés-Amusantes, boulevard du Temple, vers dix heures et demie du soir. On avait donné ce soir-là : *Il convitato di Pietro*, pièce imitée du *Festin de Pierre* et qui finit par une pluie de feu.

Après le spectacle, le citoyen Lazzari, directeur de ce théâtre, avait fait toutes les visites qu'exige la prudence, il était sur le point de se coucher lorsqu'il aperçut une épaisse fumée, qui fut bientôt suivie de flammes.

Les garçons du théâtre n'étaient plus là, et par malheur l'eau manquait dans les réservoirs. La flamme avait fait de très grand ravages, avant qu'on eût pu rien lui opposer. Un garçon du citoyen Ribié, monté sur un de ses chevaux, courut chercher des secours qui furent donnés avec tout le zèle imaginable. Hier à midi, on voyait encore une très grande fumée, qui faisait craindre que le feu ne fût pas tout à fait éteint.

Les suites ont été très funestes pour le citoyen Lazzari. Sa salle et son théâtre ont été entièrement consumés. Deux cafés voisins ont eu beaucoup à souffrir : celui du citoyen Jamet, qui est le plus proche à été découvert en partie, mais on dit qu'il n'y a pas eu d'autres dommages qu'une glace cassée. Heureusement qu'il ne faisait pas de vent. On ne sait à quoi attribuer la cause de ce malheur. Je me suis transporté sur les lieux, pour en savoir les détails, mais, comme c'est assez l'ordinaire, tous les rapports sont différents. Quelques-uns prétendent que des malveillants ont mis le feu, pour avoir facilité de voler. On dit même que plusieurs vols ont eu lieu chez les voisins. La police n'a rien négligé pour maintenir l'ordre. Des voleurs ont été arrêtés........ » *Spectacles de Paris et de toute la France.*

Lazzari ruiné, et incapable de supporter le malheur qui l'accablait, se suicida. La salle ne fut pas reconstruite, et la façade qui avait été épargnée par les flammes ne fut démolie que bien plus tard en 1836.

« .... La pioche et la hache, changent en ruines l'ancien théâtre des Variétés-Amusantes que nous avons tous vu hier sur le boulevard du Temple en face du jardin Turc.

Le propriétaire du terrain et de la colonnade qui composait l'ancien foyer du public s'est lassé d'attendre le privilège qu'il espérait depuis 1798, époque à laquelle, cette salle devint la proie des flammes et pour utiliser les matériaux qui étaient devenus depuis longtemps l'asile de tous les rats dramatiques et de toutes les araignées mélomanes de Paris, il s'est décidé à faire du commerce, puisqu'on ne voulait pas l'aider à faire de l'art.

Ainsi, l'endroit où Lazzari se créa une réputation comme sauteur et arlequin ne sera plus dans quelques jours qu'une prosaïque maison bourgeoise, l'estaminet et le billard auront pris la place du corridor des premières galeries et un marchand de cidre et de marrons étalera sa poèle où fut jadis le bureau du contrôle. »

De Casatisme. *Monde dramatique 1838.*

VIII

FANCHON LA VIELLEUSE

Grâce à la comédie-vaudeville de Bouilly et Joseph Pain, jouée en 1803 au théâtre du Vaudeville, une pure et touchante légende s'est formée autour de Fanchon la vielleuse.

Il est avéré, aujourd'hui, que les auteurs n'avaient qu'à prendre le contre-pied de la réalité pour intéresser et émouvoir le public, aussi n'ont-ils pas manqué d'en user de la sorte.

Leur héroïne est un personnage tout d'innocence et de candeur, que la misère exile des montagnes de Savoie dont elle vient chanter les chansons dans les cabarets du boulevard du Temple. Sa jolie voix, sa douceur, son frais visage et la pureté de ses mœurs lui gagnent tous les cœurs et font pleuvoir les sous dans son escarcelle.

Fille économe et gardienne vigilante de sa virginité, Fanchon, finit par épouser un jeune homme avec lequel elle se retire dans un domaine acheté au pays natal.

Malheureusement, tout cela est de pure invention et nous devons au lecteur la vérité ; pour cette fois, ce sera chose pénible puisque c'est d'une femme dont il s'agit.

Selon Jal, Fanchon la Vielleuse, s'appelait de son véritable nom, Françoise Chemin, née à Paris le 5 mars 1737, rue Neuve-Saint-Médard, paroisse Saint-Jacques-du-Haut-Pas.

Fille d'un gagne-denier, elle épousa en 1755 un collègue de son père. Il est à présumer que cette union fut de courte durée car on retrouve dans les registres de l'état civil plusieurs actes de naissance de ses enfants, sur lesquels l'absence de père est constatée.

De sa mauvaise conduite, nous ne citerons que le fait suivant : invitée à se rendre devant l'inspecteur de police du quartier Saint Antoine, elle livra aux risées du public des cafés, sa lettre de comparution ; en fin de compte, elle fut arrêtée « comme une personne qui s'enivre journellement et insulte tous ceux qui lui déplaisent. » Nous sommes loin de l'héroïne de Bouilly et Joseph Pain !

Un trop grande liberté d'allures, une tenue indécente, des propos orduriers, ce furent là tous les titres de succès de la véritable Fanchon.

Si elle se rend au cabaret de la Galiote pour chanter la *Belle Bourbonnaise* de l'abbé Latteignant, elle y vient aussi et surtout, pour chercher aventure ; bien plus que la musique, la galanterie est son véritable gagne-pain.

A ce triste métier, Fanchon devint bien vite une célébrité. Pas un souper fin, pas une partie galante, sans qu'elle n'y fut invitée à venir chanter ses indécents refrains, après quoi, elle se joignait aux convives dont elle partageait les agapes et les débauches.

Suivant les contemporains, notre vielleuse couverte de bijoux et de dentelles affichait un certain luxe, qu'expliquaient seulement le nombre et la générosité de ses adorateurs.

Un beau soir, Fanchon disparut, laissant un détestable souvenir, que deux habiles vaudevillistes, surent convertir en une aimable comédie.

La renommée dont jouissait Fanchon, fit bientôt surgir une foule d'imitatrices, dans les cabarets à la mode, qui toutes, comme leur devancière, ne tirèrent leur éclat que de l'immoralité de leurs mœurs.

IX

CABINET DE CIRE DE CURTIUS

Ce titre, se voit encore de nos jours, dans les fêtes foraines, et déja pour le plus grand nombre d'entre nous, évoque-t-il à peine un vague souvenir.

De Curtius, au boulevard du Temple le rival de Nicolet et d'Audinot, l'humble baraque fut visitée par tous les Parisiens et les Étrangers de passage dans la capitale.

« Une foule de curieux et d'amateurs remplit ponctuellement l'intérieur de ce salon et c'est avec juste raison. Les arts y paraissent dans tout leur éclat et la magnificence qui y règne ne sert que d'accessoire aux talents supérieurs de cet artiste consommé.

La vérité règne dans toutes ces figures, l'expression en est vraie et la multitude frappée d'étonnement ne se réveille de sa surprise que pour jeter le cri d'admiration.

C'est peu pour l'auteur de ces figures de vaincre la difficulté de donner à ses têtes tel ou tel caractère, il

7

réussit encore à imiter la parfaite ressemblance dans toute la perfection, et les portraits de la majeure partie de nos grands, sont des témoignages assurés de ses rares talents.

Ce n'est point un éloge complaisant ; c'est un hommage que je rends à la vérité, témoignage rendu authentique par la publicité de son cabinet et contre lequel je ne crains point de contradiction » (Le *Désœuvré mis en œuvre ou le revers de la médaille*).

Les portraits présentés par Curtius étaient d'abord, ceux du Roi et de la famille Royale, ensuite ceux des personnages de la Cour, des ministres, des maréchaux, des littérateurs, et aussi ceux des scélérats illustres.

C'est chez Curtius, que le 12 juillet 1789, la foule alla chercher les bustes de Necker et du duc d'Orléans pour les promener dans Paris.

A cette série de bustes était jointe une série de scènes intimes, telles que le souper chez le roi, la lecture chez la reine, etc., etc.

On a dit, peut-être à tort, que Curtius, à chaque nouveau régime qui surgissait, se contentait de changer les étiquettes et les costumes de ses bonshommes de cire et que certain buste fut successivement Louis XVI, Louis XVIII et Charles X.

Il se peut qu'en agissant ainsi, le paisible Allemand voulût montrer aux Parisiens que, plus les gouvernements changeaient, plus c'était la même chose.

Le cabinet de cire de Curtius traversa toutes les

perturbations politiques de la France avec un rare bonheur, toujours modeste en apparence et cependant toujours fréquenté par une foule avide de connaître les célébrités du jour. Le garde-française, en faction à la porte, se métamorphosa successivement en sans-culotte, en soldat de l'Empire, en soldat de la Restauration, pour disparaître garde-national vers 1847.

X

CIRQUE OLYMPIQUE

Antonio Franconi, chef de l'illustre famille d'é-
cuyers, naquit à Venise, selon les uns, à Uldine selon
les autres.

Obligé de quitter précipitamment son pays natal à
la suite d'un duel, il se réfugia en France où, pour
subvenir aux besoins de son existence, il s'adonna au
dressage des animaux et plus particulièrement à celui
des oiseaux.

Pendant un séjour de quelques mois à Rouen, il es-
saya d'y acclimater les courses de taureaux ; les
Rouennais furent rebelles à ce genre de spectacle et
il s'en alla à Lyon reprendre l'exhibition de ses oiseaux savants.

Désireux de faire consacrer son talent de dresseur
par le public de la capitale, Franconi s'associa, en
1783, à un Anglais nommé Astley, qui avait ouvert au
faubourg du Temple un spectacle ou amphithéâtre
équestre, le 7 juillet 1782. L'association fut éphémère,

les Parisiens préférèrent les exercices de chevaux aux
oiseaux de Franconi, qui, de nouveau reprit le chemin
de Lyon. En son absence, un écuyer du nom de Balp
y avait fondé un manège, où toute la population lyon-
naise se rendait.

Franconi comprit que, pour rivaliser avec ce nouveau venu, il devait, lui aussi, donner un spectacle
équestre, sans lequel il subirait encore un échec. Il fit
emplette de plusieurs chevaux, procéda à leur dressage, cultiva l'équitation et fut bientôt en mesure de
faire concurrence à Balp, dont l'entreprise périclita.

En 1791, Franconi s'engagea comme écuyer chez
Astley ; cette fois encore, il ne fit que paraître et disparaître pour retourner à Lyon, où son cirque était
florissant. La Révolution, qui éclata en cette ville en
1793, détruisit le manège. Vainement Franconi ré-
clama des indemnités ; on lui donna toutes sortes
d'assurances, on reconnut la légitimité de ses réela-
mations et, cependant, en 1798 il n'avait pas encore
reçu le moindre dédommagement.

En sa qualité d'Anglais, Astley avait dû fuir au moment de la coalition européenne contre la France ;
Franconi, qui s'intitulait citoyen de Lyon, gagna
Paris aussitôt après la destruction de son cirque et
acheta l'amphithéâtre équestre d'Astley, 21 mars 1793.
De cette date aux premiers mois de la réaction thermidorienne, les représentations ne purent avoir un
cours bien régulier, disons toutefois, qu'elles eurent
toujours lieu, à des intervalles plus ou moins longs,

déterminés par les graves événements politiques qui
se passaient tant à Paris qu'au delà des frontières.

Le 25 novembre 1795, les exercices équestres re-
commencèrent quotidiennement et les Parisiens ne
manquèrent pas de s'y rendre pour applaudir les animaux savants et les écuyers.

Le spectacle était coupé par des intermèdes comiques, dont Franconi était l'auteur; un de ces derniers
est devenu légendaire : *Rognolet et Passe-Carreau*;
inutile de dire que les chevaux, chiens ou autres qua-
drupèdes, jouaient toujours un rôle important dans ces
sortes de pièces, qui devinrent bientôt de véritables
pantomimes avec un plus grand nombre de personnages.

Le manège du faubourg du Temple, devenu trop
petit, Franconi acheta, dans l'Enclos des Capucines,
un terrain sur lequel il fit construire une salle suffisamment vaste, pour représenter des pantomimes avec
un grand déploiement de figuration, de décors et
d'accessoires.

En 1805, Antonio Franconi céda son entreprise à
ses deux fils, Laurent et Henri, qui continuèrent le
programme de leur père. Expropriés, un an après, de
l'Enclos des Capucines, pour le percement de la rue
Napoléon, aujourd'hui rue de la Paix, ils transportèrent leur établissement à quelques pas de là, rue du
Mont-Thabor, où fut plus tard Valentino, où se trouve
actuellement le Nouveau-Cirque, et lui donnèrent le
nom pompeux de Cirque-Olympique.

Le 28 décembre 1807 eut lieu l'inauguration de la nouvelle salle et la première représentation d'une pantomime toute à la gloire de l'Empereur : la *Lanterne de Diogène*. Le philosophe cherchait un homme et, contrairement à la légende, finissait par trouver un... Napoléon !!!!

C'est, de cette même année, que date la réputation européenne des frères Franconi, comme dresseurs et comme écuyers. A leur gloire, il convient d'associer leurs épouses qui, dans des genres différents furent des célébrités.

La femme de Laurent excellait dans l'art équestre par son agilité et sa souplesse ; la femme d'Henri se distinguait dans la pantomime par l'intelligence de son jeu et la grâce de son geste. A ces artistes humains, n'oublions pas d'ajouter le cerf Coco, qui fit courir tout Paris. Coco était un animal galant et hardi, tantôt offrant des fleurs aux aimables spectatrices, tantôt sautant dans des cercles de feu et par-dessus un groupe de chasseurs qui tiraient des coups de fusil.

Le 27 mai 1816, les frères Franconi donnaient leur dernière représentation à la salle de la rue du Mont-Thabor qui devait être démolie pour faire place au Trésor public.

Huit mois plus tard ils inauguraient l'ancienne salle d'Astley, agrandie et restaurée. Les neuf années que passèrent les frères Franconi au faubourg du Temple furent neuf années de triomphes successifs. Aux pan-

tomimes avaient succédé de véritables pièces inter-
prétées par des acteurs de talent. A la fermeture momentanée des Funambules, deux ans après le retour
des Bourbons, Frédérick Lemaître fut engagé au Cirque-Olympique pour y jouer : *La Mort de Kléber*, la
Prise de Berg-op-Zoom, la *Ferme des Carrières*,
Macbeth et la *Mort de Poniatowski*. En 1823, Bouffé,
en attendant son entrée à la Gaîté, ne dédaigna pas
de créer plusieurs rôles sur cette piste de cirque.

Deux éléphants, à quelques années de distance, firent aussi les beaux soirs de l'ancienne salle d'Astley.
L'éléphant Baba, « à peine gros comme un bœuf, fait
les tours les plus curieux qu'on puisse voir : d'abord
il débouche une bouteille de champagne, ensuite il
joue aux boules aussi bien qu'un vieux rentier du Marais, prend un mouchoir dans la poche de son cornac,
au moyen de sa trompe, avec autant d'adresse qu'un
filou du Palais-Royal. Ses talents ne se bornent pas
là. Baba est mélomane et joue de l'octave assez bien
pour conduire une contredanse ; il rapporte comme
un chien caniche et, malgré sa structure informe,
il est capable d'atteindre un coureur très exercé. »
Cuisin. — *Le peintre des coulisses*.

L'éléphant Kiouny, dépassa, peut-être, en renommée son illustre prédécesseur, nous n'en donnerons
pour preuve que l'anecdote suivante racontée par Laferrière : « A Dijon, le public avait désiré voir Mlle
Mars dans *Suzanne du Mariage de Figaro*. La veille
de cette représentation, nous répétions généralement,

lorsqu'un bruit inusité se fit entendre dans les dessous du théâtre.

« Ce sont, nous dit-on, les machinistes, qui étayent le plancher pour l'éléphant qui doit arriver dans la journée. » C'était Kiouny! le fameux, le célèbre Kiouny, rival redouté alors de tous les artistes en représentation... Mlle Mars, à cette nouvelle, renversa le coin de sa bouche et m'adressant la parole :

« Il est inutile de continuer la répétition, mon cher Laferrière; nous partirons demain puisque M. Kiouny arrive aujourd'hui.

Toutes les supplications qu'on put lui faire, furent inutiles : il fallut déguerpir.

Comme nous regardions l'Hôtel du Parc où nous étions descendus, nous en vîmes les abords obstrués par la foule.

— Ah ! fit-elle, voici notre illustre camarade arrivé au premier hôtel de la Ville. Pourvu qu'il n'ait pas eu besoin de nos chambres pour sa suite ! »

La pièce où dînait Mlle Mars se trouvait au rez-de-chaussée et donnait sur la cour de l'hôtel.

Comme je me retirais, elle me rappela :

— Tenez, me dit-elle, je suis jalouse ; j'ai peur que vous n'alliez vous faire inviter à la table de M. Kiouny ; restez dîner avec moi.

A la fin du repas, Mars avait complètement retrouvé son aimable et fin sourire : allons, il faut y mettre de la bonne grâce. Ramassez tous les biscuits, tous les massepains et n'attendons pas que M. Kiouny nous

devance. Allons les premiers lui rendre visite. Kiouny
fut charmant. Mars en fit la remarque tout haut, en lui
offrant des friandises dont je m'étais chargé. Cette
attention, parut plaire à notre magnifique roi de Cey-
lan, qui, pour nous donner un échantillon de ses talents,
pompa, en notre présence, deux seaux d'eau qui se
trouvaient à sa portée et dirigea aussitôt de notre côté
sa trompe ainsi chargée.

— Ciel! s'écria Mlle Mars avec des signes d'inquié-
tude, je crois que M. Kiouny veut faire pleuvoir sur
nous des marques trop abondantes de ses faveurs, sau-
vons-nous !

— Kiouny, fit le cornac, remettez vite cette eau.

L'éléphant obéit, les seaux se retrouvèrent pleins.

— « Eh bien, mon cher Kiouny, dit Mlle Mars en pre-
nant congé, vous allez obtenir dans cette ville, un grand
succès, si j'en crois la sensation produite par votre
arrivée, et, comme camarade, je vous félicite. C'est
extrêmement flatteur pour vous, pour l'art dramatique,
pour les habitants de Dijon.

Et nous partîmes le lendemain, sans avoir joué le
Mariage de Figaro, que les habitants de Dijon, je dois
en convenir, ne nous réclamèrent pas. » *Mémoires de
Laferrière*, tome I, page 245.

Le 16 mars 1826, le cirque était la proie des flammes
à la suite d'une représentation de l'*Incendie de Salins*.
Un grand courant de sympathie s'établit en faveur des
frères Franconi. Le roi leur accorda un nouveau privilège et les aida pécuniairement de sa cassette per-

sonnelle, pendant que tous les théâtres du Boulevard
du Temple, donnaient des représentations à leur bénéfice.

Le 21 septembre 1827 on procédait à l'inauguration
d'une nouvelle salle, sise au boulevard du Temple,
entre l'hôtel Foulon et l'Ambigu-Comique. Celle-ci
offrait cette particularité que la piste réservée aux
exercices équestres communiquait avec une scène
immense, à l'aide de deux rampes ajustées à droite et
à gauche aux parois du Cirque, au moyen de planchers
mobiles.

« Cet agencement permettait d'employer toute une
troupe d'écuyers et de soldats, hommes et chevaux et
de les mêler aux acteurs, au moment opportun. En
effet, lorsque l'instant de la bataille était arrivé, les
portières d'avant scènes s'ouvraient, livrant passage
d'abord à un groupe nombreux de tambours que précédait un superbe et gigantesque tambour-major bien
connu du public d'alors. Venaient ensuite la musique
militaire, puis les bataillons français, comprenant l'in
fanterie, sapeurs en tête, la cavalerie et l'artillerie
avec les canons.

C'était un défilé de cinq ou six cents comparses qui
entraient par une rampe et sortaient par l'autre. C'est
alors, que bientôt on voyait l'ennemi surgir au fond
du théâtre et que l'action s'engageait à la fois de tous
côtés dans le manège, sur les rampes, sur la scène, les
deux armées se trouvant partout aux prises. La
cavalerie accourait, les clairons sonnaient, les tam-

bours battaient la charge, la fusillade éclatait, le canon tonnait, la fumée emplissait la salle et le rideau tombait au milieu du bruit sur ce tableau que les spectateurs applaudissaient avec frénésie. » Pougin. *Acteurs* et *Actrices d'autrefois*.

Le 19 juin 1828, les frères Franconi cédaient leur entreprise à leur fils et neveu Adolphe, qui s'associait à deux hommes de lettres Ferdinand Laloue et Villain de Saint Hilaire. Cinq ans après, le cirque Olympique devenait le théâtre national du Cirque dont Dejean, propriétaire du terrain, se rendait acquéreur en 1835.

Le nouveau directeur cessa les tournées en province, entreprises chaque année à la belle saison, et en même temps mit à profit le droit accordé à ses prédécesseurs de donner des représentations équestres aux Champs-Elysées, au carré Marigny, sur lequel s'éleva en 1840, d'après les plans de Hittorf, un véritable cirque, disparu récemment, sous la dénomination de Cirque d'Été.

La série des grands mimodrames historiques et des fééries somptueuses, qui firent la réputation du cirque, date de 1830. Le premier de tous ces grands succès fut le passage du *Mont Saint-Bernard*, bientôt suivi de l'*Empereur*, la *République*, *Austerlitz*, *Masséna*, *Bonaparte en Egypte*, la *Ferme de Montmirail*, *Murat* et d'autres encore dont l'ensemble résumait à larges traits et en tableaux vivants, l'épopée impériale.

Napoléon Ier c'était Gobert, le fameux Gobert, qui à

force de représenter ce personnage, avait fini par croire qu'il était l'Empereur; plus tard ce fut Taillade au début de sa carrière.

Les fééries furent une débauche de somptueuse mise en scène, que l'on n'a jamais dépassée ; quelques unes d'entre elles les *Pilules du Diable* avec Parade dans le rôle de Babylas, la *Poule aux Œufs d'Or*, *Rothomago* ; reprises maintes fois, font encore de nos jours les beaux soirs du théâtre du Châtelet.

Dejean se retira en 1844 et vendit à un sieur Gallois qui ne réussit pas et céda son bail au compositeur Adolphe Adam, qui venait d'obtenir le privilège d'un troisième théâtre lyrique. Nous verrons plus loin ce que fut l'Opéra National, qui n'ouvrit ses portes que pour les fermer quelques mois plus tard, du 15 novembre 1847 au 29 mars 1848.

Meyer rendit le théâtre national du Cirque à sa première destination, au mois de novembre 1848, en donnant la première représentation de La *Poule aux Œufs d'Or* en cinq actes et vingt-six tableaux.

Tombé malade, il passa la main à Billon, directeur des Funambules, qui en 1853 ne vit pas renouveler son privilège et céda la place à Hostein ex-directeur de la Gaîté. Entre temps, Napoléon III était monté sur le trône, le théâtre national pour la troisième fois changea de titre pour devenir le théâtre impérial du Cirque.

Avec Hostein disparurent totalement les exercices équestres qui, jusqu'alors avaient toujours précédé la représentation des mimodrames militaires ou des féé-

ries ; la piste disparut sous les fauteuils du parterre et
de l'orchestre ; désormais hommes et chevaux n'é-
voluaient plus que sur la scène.

Ajoutons, que durant les dix dernières années de son
existence, le théâtre impérial du Cirque sacrifia plus
aux fééries qu'aux pièces militaires, les parisiens fati-
gués d'entendre la fusillade et les tambours, voulaient
vivre au pays de l'enchantement et du merveilleux.

Comme ses confrères grands ou petits, du boulevard
du Temple, l'ancien Cirque fermait ses portes le 15 juillet 1862 ; mais pour lui, du moins, cette expropriation
n'était pas une exécution capitale, puisqu'il retrouvait
place du Châtelet, un immeuble tout battant neuf où il
pouvait continuer d'éblouir son public par le faste de
ses décors et une figuration innombrable.

Le théâtre impérial du Cirque, devenait le théâtre
municipal du Châtelet, le temple de la féérie moderne.

XI

THÉATRE DES COMÉDIENS SANS TITRE

Pendant la tourmente révolutionnaire Astley avait fermé son manège du faubourg du Temple, Franconi s'était installé à Lyon. Le cirque demeuré vide, devait tenter quelque entrepreneur de spectacle en cette année 1791.

L'autorisation fut accordée à un inconnu d'ouvrir un nouveau théâtre dans la baraque d'Astley, sous le titre de théâtre des Comédiens sans titre. Ce dernier disparut aussi rapidement qu'il avait vu le jour et contrairement au proverbe, il ne fut pas heureux et n'eut pas d'histoire.

THÉATRE DES PETITS COMÉDIENS
FRANÇAIS

Comme toutes les tentatives théâtrales, issues de la proclamation de la liberté (1791), le théâtre des Petits Comédiens français, attenant aux Délassements-Comiques, eut une existence misérable et très courte ; sa fermeture s'étant vraisemblablement opérée à la fin de 1792,

« Ce théâtre, à ce qu'on prétend, n'ouvre déjà plus tous les jours, et plusieurs sujets s'en sont retirés, faute d'être payés — cependant il ne fait que de naître, puisqu'il n'y a pas six mois qu'il a ouvert.

« C'est un spectacle d'enfants, le plus âgé des acteurs a douze ans et la plupart n'ont que sept à huit ans. La salle est jolie, mais si petite qu'on peut se donner la main des loges du côté droit aux loges du côté gauche ; le théâtre n'a pas dix pieds carrés et quand il y a sept ou huit acteurs sur la scène, ils sont pressés les uns contre les autres, comme les convives du festin de Boileau. Cependant on y joue des pièces où il y a des gloires, des nuages, des déesses et une cour de nymphes ; mais ce sont des chœurs et des gloires en

miniature. Cette exiguité n'est pas sans avantage,
parce que c'est de tous les spectacles celui où l'on peut
se passer aisément de lorgnettes. M. Belmont acteur
du Délassement a fait pour ce spectacle, deux ou trois
pièces jolies que nous avons vu jouer assez bien. »
Almanach général de Paris et des provinces, 1791.

THÉÂTRE DES BLEUETTES-COMIQUES

Ouvert, au boulevard du Temple, en juin 1787, ce théâtre disparut en 1790.

Clément de Lornazon son fondateur l'abandonna quelques mois avant sa fermeture pour diriger le Théâtre-Français comique et lyrique.

Comme les Beaujolais et les Délassements-Comiques, les Bleuettes-Comiques n'offraient au public que des acteurs muets dont les rôles étaient parlés et chantés par d'autres dans la coulisse; cet état de choses dura seulement jusqu'à la prise de la Bastille.

A l'exemple de beaucoup de ses confrères, cet établissement ne put soutenir la concurrence effrénée que les directeurs se faisaient entre eux et ferma sans nuire à la cause de l'art dramatique et sans même que le public du boulevard s'en aperçut.

THÉATRE DES ÉLÈVES DE THALIE

Les Elèves de Thalie occupaient au boulevard du Temple l'ancienne salle des Bleuettes-Comiques, près du Lycée-dramatique ; leur existence fut obscure et fugitive.

« C'est encore un spectacle d'enfants dirigé par une dame qui s'est trompée dans ses calculs. Sans doute, qu'un théâtre d'enfants établi dans un but moral et avec toutes les mesures que peut dicter la prudence pour le soutien des mœurs et le développement des talents, serait un établissement utile et politique ; on y prendrait les élèves qui se seraient les plus distingués par leur zèle, leurs dispositions et leurs mœurs, pour les placer dans d'autres spectacles où ils porteraient et feraient fructifier le germe des talents et des vertus sociales dont on a tant besoin dans les spectacles.

« Mais ce théâtre-ci et le précédent n'ont rien qui les rapproche du but moral dont nous parlons ; le mobile des fondateurs a été l'argent et rien autre chose, voilà donc comme l'intérêt sacrifie tout à ses vices sordides ! L'égoïsme et la cupidité sont l'âme de tous

les directeurs subalternes. D'ailleurs, un spectacle d'enfants ne doit pas être au boulevard; le public qui réquente ce quartier, ne va pas à la comédie pour fchercher la décence. Il veut s'amuser et voilà tout. »
Album général des spectacles de Paris et des provinces. 1793.

THÉATRE DE LA RUE DU CHAUME

Deux amateurs de théâtre, Cabanis et un parent du comédien Guibert convertirent en salle de spectacle, le réfectoire du couvent des R. P. de la Merci, chassés en 1790.

Ce petit théâtre d'amateurs jouait presque exclusivement la comédie et remporta quelques succès. Son histoire n'offre rien de bien saillant si ce n'est les débuts de Lagrénée comme acteur et auteur.

THÉATRE DU BOUDOIR DES MUSES. — THÉATRE DE LA RUE VIEILLE-DU-TEMPLE

Guyard, neveu de Fourcroix, futur référendaire à la Cour des Comptes, fonda en 1805, sur les débris du couvent des Filles du Calvaire un nouveau théâtre auquel il donne le nom pompeux de Boudoir des Muses. Ce fut, tout d'abord, aussi un spectacle d'amateurs. Bientôt, la réussite aidant, on acheta le matériel et les décors du théâtre de la rue du Chaume, on constitua une troupe de comédiens de métier et le titre primitif fut changé en celui de théâtre de la rue Vieille-du-Temple. La comédie, le vaudeville et l'opéra, figuraient successivement au programme. Tout allait pour le mieux quand le décret de 1807, ordonna la fermeture du théâtre.

XII

THÉÂTRE DES PANTAGONIENS

MADEMOISELLE MALAGA. — LE PÈRE ROUSSEAU

« En 1793, sous le titre de théâtre des Pantagoniens s'éleva un spectacle de grandes marionnettes, très habiles pour les surprises. On cite, entre autres, les transformations d'un procureur dont chaque membre s'animait tour à tour pour former autant de clients. Les Pantagoniens jouèrent encore le *Grand festin de Pierre*, et à la foire Saint-Germain, dans une salle nouvellement bâtie, dite le Théâtre de la République, ils donnèrent les *Métamorphoses d'Arlequin* et les *Métamorphoses de Malbrough*, puis (les foires étant supprimées), ils allèrent se loger sur le boulevard du Temple. *Histoire des Marionnettes*. Magnin, p. 178.

Les Pantagoniens, voisins de l'Ambigu-Comique, afin d'agrémenter leur programme firent appel à une pensionnaire de Nicolet Mlle Malaga, danseuse de corde émérite.

Fournel l'apprécie en ces termes. « Jeune personne à la physionomie suave et rêveuse, funambule de l'école métaphysique pleine de poésie et d'expression qui dansait sur la corde avec les ailes d'une sylphide et les grâces décentes chantées par Horace ; vers 1808, sa réputation fut immense ainsi que celle de Melle Rose qui, si nous en croyons un article de Théodore de Banville, avait un brillant, une désinvolture et une humour inimitables.

Il arriva que le théâtre des Pantagoniens devint le théâtre exclusif de Melle Malaga, que la danse de corde, dispersa les marionnettes. A la porte, était un aboyeur célèbre, le père Rousseau, dont les propos grivois faisaient la joie des promeneurs et des badauds. Ce paillasse à la figure repue, bourgeonnée, étonnamment mobile, à la voix énorme et débraillée, jetait par-dessus les déclamations révolutionnaires, ce refrain devenu légendaire :

> C'est dans la ville de Bordeaux
> Qu'ezt z'arrivé trois gros vaisseaux
> Les matelots qui sont dedans
> Ce sont ma foi de bons enfants.

A la fin de l'Empire, le spectacle de la Malaga avait vécu.

XIII

BOBÈCHE ET GALIMAFRÉ

En 1809, s'engageaient dans la troupe du sieur Dromale, entrepreneur de spectacle à Versailles, deux jeunes ébénistes du faubourg Saint-Antoine ; le premier, Antoine Mandelart, né à Paris, le second, Auguste Guérin, originaire d'Orléans.

Quelques mois plus tard, Dromale, quittait Versailles pour diriger, au boulevard du Temple, à côté du café d'Apollon, le théâtre des Pygmées.

C'est à la porte de cet établissement que nos deux jeunes gens commencèrent de se signaler à l'attention du public, sous des noms de guerre : Mandelart s'appelait Bobèche et Guérin, Galimafré.

Ils étaient le complément l'un de l'autre ; Bobèche fin, narquois et railleur, Galimafré bruyant, stupide et populacier.

Selon Victor Fournel, Bobèche était beau garçon, blond et soigneux de sa personne. Son costume, invariablement le même, se composait d'une veste rouge, d'une culotte jaune, de bas bleus, d'une cravate noire et d'une perruque rousse que recouvrait un chapeau gris à cornes.

Galimafré était grand et maigre; sur son large visage s'étalait un rire bruyant et bête qui le rendait le pitre préféré des gens du peuple, tandis que son comparse soulevait les bravos des gens plus raffinés.

Les parades du théâtre des Pygmées devinrent bientôt célèbres, les esprits les plus délicats y coudoyaient la population des faubourgs; et c'était pour tous un régal d'entendre les attaques spirituelles et mordantes de Bobèche et les réparties irrésistiblement idiotes de Galimafré.

Nous citerons deux exemples de ces fameuses parades :

Bobèche dit à Lisette : Ah! il vient de m'arriver un grand malheur.

— A toi ?

— Non, mais au petit Azor.

— Au chéri de Madame ?

— Oui, c'est un gourmand, il en est puni et c'est bien fait : je l'avais emmené avec moi...

— Aussi pourquoi l'emmènes-tu ?

— Pour lui faire faire ses petites nécessités; moi pendant ce temps-là, je m'amusais à regarder une dispute entre deux merlans.

— Entre deux perruquiers donc ?

— Non, deux merlans dans la poèle de la marchande

de beignets du coin ; ils s'étaient pris au collet dans la friture.

— Imbécile.

— Enfin, je pense à Azor, je le cherche, je l'appelle, plus d'Azor ; il y avait une grosse rumeur dans la boutique de l'épicier du coin de la rue de Vendôme, je m'approche et je vois le pauvre diable entre les mains de l'épicière.

— Qui l'épicier ?

— Non, Azor. Je m'approche pour le réclamer. Ah ! c'est à vous qu'elle me dit ? Votre petit chien vient de m'avaler une tonne d'huile, il s'agit de me la payer.

— Une tonne d'huile ? Une livre à la bonne heure.

— Elle a bien dit une tonne d'huile et je ne sais pas si les douves et les cerceaux n'étaient pas avec, tant y a qu'elle ne réclamait que l'huile.

— C'est bien assez.

— Moi, j'ai ruminé là-dessus et je me suis dit : M. Cassandre, mon maître, est un vilain ladre qui ne voudra jamais payer le dégât, c'est moi qui ai fait la sottise de laisser aller Azor ; c'est à moi d'arranger cette affaire-là. J'ai demandé un bout de ficelle et une mèche à quinquet ; j'ai mis la mèche dans le trou du staphanani du petit chien, je l'ai pendu par la queue au plancher, j'ai allumé la mèche et j'ai dit qu'on la laisse aller, jusqu'à ce qu'il n'ait plus une goutte d'huile dans le ventre. D' c'te manière, c'est Azor qui éclaire la boutique. Oh ! ça fait une superbe illumination. On vient la voir du port St-Bernard avec des béquilles.

... Un magicien fait à Bobèche l'énumération de ses travaux.

— Je fais, dit-il, pâlir le soleil, rougir la lune et tomber les étoiles.

— Il faudrait mieux faire tomber les alouettes toutes rôties.

— J'enferme le tonnerre quand il m'en prend envie.

— Et moi, je le lâche quand je ne peux pas faire autrement.

Bobèche et Galimafré, abandonnèrent le théâtre des Pygmées, pour aller trôner à la porte des Délassements-Comiques ; leur départ amena la chute du spectacle Dromale.

A la belle saison, ils entreprenaient des tournées en province. A Paris, ils fréquentaient les salons, Bobèche principalement, et leurs noms brillaient toujours en tête des programmes de réjouissances publiques ; Bobèche alla même, dit-on, jusqu'à prendre le titre de bouffon du gouvernement. Galimafré, le premier, abandonna les planches pour devenir machiniste à l'Opéra-Comique, où il resta trente ans.

Bobèche se retira quelques années plus tard et se fit directeur de théâtre à Rouen ; aux années glorieuses succédèrent les mauvais jours.

« Depuis cette abdication, selon Victor Fournel, on n'a plus entendu parler de lui. »

Ainsi se séparèrent et disparurent, deux des gloires

du boulevard du Temple, qui par leur verve, leur en-
train, leur esprit et leur mimique furent les rois de la
parade et les derniers représentants d'un genre si
cher à nos ancêtres.

LE PETIT LAZARI

Bobèche et Galimafré avaient, en quittant le spectacle Dromale, entraîné la fermeture de ce dernier, comme on l'a vu précédemment. Vers 1815 un sieur Provost loua la salle abandonnée et y installa un spectacle de marionnettes, sous le titre de Petit Lazari, en souvenir du fameux Arlequin des Variétés-Amusantes. (*deuxièmes du nom*).

Fresnoy-Audeville, acteur de l'Ambigu-Comique lui succéda en 1830 et à la faveur des troubles politiques, substitua des acteurs vivants aux comédiens de bois.

Dès lors, jusqu'à la démolition du boulevard du Temple, le petit Lazari devint le boui-boui si cher aux ouvriers et aux gavroches des faubourgs. Jusqu'à son dernier jour, cet établissement, pour lequel le nom de théâtre est bien cérémonieux, conserva un aboyeur à sa porte, énumérant l'ordre du programme pour les badauds qui ne savaient pas lire et célébrant avec emphase les talents et les costumes des acteurs.

La salle était petite et d'une propreté plus que douteuse ; les places situées au milieu de l'orchestre y étaient, paraît-il, les dernières occupées, parce qu'elles se trouvaient sous le lustre ne comportant que des lampes à huile laissant choir leur contenu sur les vêtements des spectateurs.

Le petit Lazari, au point de vue artistique, fut toujours le dernier des spectacles du boulevard du Temple, il en fut de même sous le rapport du confortable, mais peu importait à sa clientèle puisqu'il était le premier... en venant de la Bastille.

Nous n'entreprendrons pas d'énumérer les pièces jouées sur cette scène, disons seulement qu'elles furent innombrables, presque toutes en un acte et du genre poissard, parfois même ordurier. Un acte se payait 10 francs; deux, 15 francs, 20 francs par extraordinaire et empressons-nous d'ajouter que ces prix n'étaient pas quotidiens, mais une fois donnés. Les premières représentations se donnaient, de préférence, le samedi. « Il y avait, nous rapporte le joyeux Marquet dans ses *Grands jours du Petit Lazari*, spectacle partout, surtout dans la salle. Bruyant, déjà pendant qu'on jouait, le public devenait d'une turbulence délirante pendant l'entr'acte, tout le monde criait, chantait, s'appelait !

Face au parterre ! — Et ta sœur? Cocorico ! — Miaou ! — Ma botte d'asperges ! — Il l'embrassera !... l'embrassera pas. — Taisez donc vos becs ! — A la porte ! — Il fait rien chaud ici, excuse ! — C'est à vous tout ça ? Oh! donnez-moi-z'en, mamzelle !... Eh! Blavin ! ohé... ohé. Et bien d'autre choses encore autrement colorées, car je suis anodin dans ma photographie. Ah! c'est autrefois, surtout, qu'il fallait voir çà, c'était l'arche de Noé en récréation.

Et puis, on mangeait, mangeait beaucoup, quoi? c'est ce qu'on n'a jamais pu savoir. Les plus cossus allaient dehors prendre des glaces à deux liards, car il y en a, et à coup sûr, elles sont trop chères.

Un beau moment était celui où toutes ces voix demandaient l'auteur.

— Messieurs, la pièce que nous avons eu l'honneur de représenter devant vous est de MM. Charles et Adolphe !

— Bravo !

— Qu'ils n'en fassent plus ! !... »

Ce pittoresque tableau nous montre bien le public du Petit Laze, comme on disait au boulevard, et sa façon familière d'en user avec ses acteurs. Malgré l'absence de valeur dramatique ou littéraire des pièces qu'ils interprétaient, ces derniers ne restaient pas oisifs, en dehors du changement perpétuel de l'affiche, ils donnaient quotidiennement deux représentations pendant la semaine, et trois le dimanche.

De cette troupe, aujourd'hui oubliée, il nous faut retenir deux noms, celui de Deshayes, plus tard à la Gaîté, et celui de la fameuse Alphonsine qui fit les beaux soirs des Variétés du boulevard Montmartre.

Dépourvu de toute prétention, sauf celle de distraire des âmes simples et peu difficiles, le petit Lazari fut le théâtre-peuple par excellence et n'eut point l'existence compliquée et mouvementée de ses grands

confrères. S'il lui eut été permis de vivre, il existerait
encore de nos jours, car il répondait à un besoin.
Certains petits théâtres de quartiers, sont encore à
l'heure actuelle, les successeurs directs du Petit Laze
disparu avec tous ses voisins le 15 juillet 1862.

XIV

LES FUNAMBULES (1).

C'est, en 1816, dans la baraque occupée par les Monrose, acrobates et danseurs de corde réputés, située entre la Gaîté et la salle de Mme Saqui, que Bertrand et Fabien installèrent leur nouveau spectacle sous le nom de Funambules. Pourquoi Bertrand et Fabien ouvraient-ils un théâtre au boulevard du Temple ? Le spirituel érudit, qu'est M. Louis Péricaud, va nous le dire de plaisante façon :

« Bertrand, ancien marchand de beurre à Vincennes, s'était fait voiturier. Il avait acheté un coucou, puis un autre coucou et transportait les Parisiens à Vincennes et les Vincennois à Paris. Un jour qu'il conduisait Mme Saqui et son mari à la fête du Donjon, une discussion s'éleva entre le conducteur et la célèbre

(1) Un acteur de talent doublé d'un fin lettré, M. Louis Péricaud, a fait paraître un ouvrage des plus intéressants et des plus complets sur Debureau et les Funambules. Nous ne saurions mieux conseiller le lecteur désireux de connaître l'histoire de ce théâtre et la biographie du grand mime, d'une façon plus détaillée, qu'en le renvoyant à cet ouvrage vraiment remarquable, qui a été pour nous d'un grand secours.

acrobate. Celle-ci le traita de fabricant de rosses, de marchand de beurre en gras de veau ; elle l'appela détrousseur de grandes routes, etc., etc...

Bertrand, furieux, jura de se venger de la Sauteuse comme il l'appelait.

« Se venger!... Comment ?...

« Parbleu, en lui créant une redoutable concurrence.

« Mais Bertrand n'avait pas assez d'argent pour accomplir seul le gigantesque projet qu'il roulait dans sa vaste tête.

« Il alla trouver un ami, M. Fabien, marchand de parapluies, fort amateur des spectacles du boulevard du Temple et lui communiqua son idée :

« La fondation d'un véritable théâtre à côté de l'infect boui-boui de la Saqui.

« Fabien accepta et apporta sa part de fonds... » (Louis Péricand. *Le Théâtre des Funambules, ses mimes, ses pantomimes.*)

Afin d'interpréter cette pantomime sautante, si en faveur chez leur rivale, Bertrand et Fabien engagèrent des acteurs spéciaux. Parmi ces derniers se trouvait un tout jeune homme ; il sortait des Variétés-Amusantes et débutait sous le nom de *Prosper*, dans *la Naissance d'Arlequin* ou *Arlequin dans un œuf*. Ce jeune Prosper n'était autre que Frédérick Lemaître qui, aux plus beaux jours de sa gloire, disait en parlant des Funambules : « C'est là qu'après m'être appliqué le matin dans la classe de Lafon à comprendre et à interpréter les grands maîtres classiques, je venais étudier le soir

cette science si difficile qui consiste à faire coïncider le
geste avec la parole. Si l'on m'a reconnu, pendant le
cours de ma longue carrière, quelques qualités mimi-
ques dans certains de mes rôles, c'est par ce double
travail qu'elles furent acquises. « (Frédérick Lemaître.
Souvenirs.)

Une troupe réputée d'acrobates forains qui, de passage à Paris, donnaient des représentations Cour
Saint-Maur fut signalée à M. Fabien (1817).

Ces acrobates, c'étaient les Debureau : le père et
cinq enfants, trois garçons et deux filles. Leurs exercices consistaient en tours de force et en danses de
cordes exécutés par toute la famille ; seul, le troisième
des fils, Jean-Gaspard-Baptiste n'y prenait pas part,
remplissant le rôle de Paillasse et de niais pendant le
travail de ses frères et sœurs. Deux ans après son
entrée aux Funambules, cette troupe s'en alla, laissant
à Bertrand et Fabien le dernier des fils Debureau qui
se complaisait mieux à jouer sur un théâtre qu'à
courir les aventures de la vie foraine.

Ce Jean-Gaspard-Baptiste Debureau, inconnu pendant quelques années, se révéla un soir qu'il doubla le
Pierrot habituel, l'illustre Blanchard. Du jour au lendemain, par une sorte de magie, Pierrot passa au
premier rang des personnages de la pantomime :
Arlequin, Cassandre et autres devinrent ses tributaires.
Le succès répondit si rapidement à cette innovation, à
cette nouvelle compréhension du rôle que, dès 1826,
Bertrand et Fabien signaient avec Debureau un enga-

gement valable seulement à partir de 1828, tant ces
directeurs avaient peur de perdre ce mime de génie
qui leur faisait encaisser chaque soir de fructueuses
recettes.

Il serait trop long de citer entièrement cet engagement ; contentons-nous d'en donner la clause dernière : « Moyennant les clauses ci-dessus, fidèlement
exécutées, M. Bertrand s'engage à payer à M. Debureau la somme de trente-cinq francs par semaine
pendant tout le cours du présent engagement. »

Trente-cinq francs par semaine, pas même cent
cinquante francs par mois, tel était le traitement du
mime génial dont Théophile Gautier disait : « Debureau était, dans son genre, un acteur comme Frédérick Lemaître, Talma, Mlle Mars et Mlle Rachel, un accident heureux et rare !

Pierrot était un simple et un sincère ; la modicité
de ses appointements ne modifia en rien son ambition
tout artistique et nullement vénale. Il n'abandonna
pas les Funambules et ne tint jamais rigueur au directeur Bertrand de sa parcimonie devenue légendaire.

Il remporta son premier grand triomphe dans la
pantomime du *Bœuf enragé* dont l'auteur était Laurent
aîné un mime anglais, aussi pensionnaire des Funambules. Au *Bœuf enragé*, succédèrent le *Songe d'or ou
l'Arlequin et l'Avare* de Ch. Nodier ; *Ma mère Oie*,
de Lambert et Eugène Grangé, et mille autres, car
l'affiche se renouvelait souvent et ne comportait chaque
soir pas moins de deux ou trois pièces.

Grâce à Debureau, les Funambules devinrent un théâtre très couru. En 1833, le Prince des critiques, Jules Janin, fit paraître un long dithyrambe sur le mime qui attirait Paris au boulevard du Temple. La jeunesse littéraire d'alors se porta au théâtre de Bertrand; Balzac, Gérard de Nerval, de grands acteurs et de nombreux artistes y vinrent applaudir le génial débutant. Ceux-ci étaient le public extraordinaire, les intellectuels, comme nous dirions aujourd'hui, car ils devaient trancher singulièrement avec les spectateurs habituels dont nous a parlé l'auteur du Capitaine Fracasse : « ..... Un public en veste, en blouse, en chemise, sans chemise souvent, les bras nus, la casquette sur l'oreille, mais naïf comme un enfant à qui l'on conte la Barbe-Bleue, se laissant aller bonnement à la fiction du poète, — oui, du poète, — acceptant tout, à condition d'être amusé, un véritable public comprenant la fantaisie avec une merveilleuse facilité..... »

Comme son public, Debureau fut peuple par excellence. Sa gamme de sentiments ne comporta jamais que des notes aux sons purs et naturels. Pierrot ne connaissait pas notre psychologie moderne pleine d'emphase et de recherche. Il était simple et naturel, tour à tour naïf et malin, peureux et intrépide, menteur, voleur, désintéressé et bon; il était l'âme du peuple dans sa simplicité native, et les ouvriers des faubourgs lui en savaient gré chaque soir par les frénétiques applaudissements qu'ils lui prodiguaient et la popularité dont il jouissait auprès d'eux.

En 1846 Debureau succomba à une attaque d'asthme après plus de vingt ans de triomphes sur la même scène. Ses obsèques furent grandioses, selon Champfleury, « du bas de la montée de Belleville jusqu'à l'église, les fenêtres étaient garnies, comme les trottoirs étaient encombrés, de gens qui saluaient encore une fois au passage le comédien, dans cette rue qu'il avait traversée si souvent. Les gens murmuraient : Debureau !... Et tous suivaient d'un grand regard pensif le convoi du mime qu'ils ne devaient plus revoir ».

Si ce dernier fut incontestablement le soutien des Funambules, n'oublions pas quelques-uns de ses collègues qui eurent aussi leur célébrité et dont les noms méritent d'être cités. Laurent aîné, mime anglais auteur de nombreuses pantomimes et brillant metteur en scène; Paul Legrand qui déserta souvent et revint toujours au bercail, jouer lui aussi le rôle de Pierrot ; Vauthier, l'excellent Vauthier, mort si misérablement et qui fut un Polichinelle inimitable.

Bertrand, fatigué et malade cède son entreprise à son neveu Billion qui fut nommé tuteur du fils que laissait le génial Pierrot 1845. Tandis que son père défunt était remplacé par Paul Legrand, Charles Debureau débutait dans de petits rôles. L'année suivante Paul Legrand quittait les Funambules, et Debureau fils prenait sa place revêtant à son tour la souquenille blanche et le serre-tête noir du pâle amant de Phœbé.

Son succès fut énorme et spontané. Ceux qui le

virent pour la première fois crurent revoir son père échappé au tombeau, tant il lui ressemblait. Malgré tout son talent et le nom illustre qu'il portait Charles Debureau ne put enrayer la décadence de la pantomime, qui remontait déjà à quelques années.

Vers 1856, Debureau, soutenu par les deniers de Mme Stoltz la célèbre cantatrice, follement éprise de lui, abandonnait les Funambules pour diriger pendant quelques mois les Délassements-Comiques. La tentative fut malheureuse et Pierrot ne tarda pas de reprendre le chemin des Funambules où Kalpestre l'avait remplacé pendant sa fuite.

L'année même du départ de son premier mime, Billion vendit son théâtre à Dautrevaux et Angrémy, qui vainement essayèrent de rendre aux Funambules leur ancienne splendeur, Dautrevaux céda sa place à un sieur Dechaume qui n'avait pris cette charge directoriale que dans l'espoir de retirer un très gros bénéfice de l'expropriation dont il était déjà question.

Le 15 juillet 1862, les Funambules donnaient pour dernier spectacle une pantomime en 23 tableaux ; les *Mémoires de Pierrot*, Debureau y jouait vingt-et-un rôles.

Désormais, les Funambules et la pantomime étaient morts... le baron Haussmann leur avait porté le coup de grâce.

XV

PANORAMA DRAMATIQUE

Jeudi 22 juillet 1823. — Fermeture du Panorama dramatique. — « Le Panorama dramatique qui avait donné de si brillantes espérances, a bientôt vu son dernier jour. Depuis hier ses portes sont fermées, et, faute d'avoir pu s'entendre, les propriétaires et les créanciers s'exposent à perdre un privilège qui pouvaient faire leur fortune ». *Le Diable Botteux*, journal critique et littéraire, 23 juillet 1823.

Après vingt-sept mois d'existence, cette entreprise, commencée sous les meilleurs auspices, s'effondrait victime du privilège qui lui avait donné le jour ; le drame et la comédie n'ayant conquis droit de cité au Panorama dramatique, qu'à la condition de ne jamais mettre en scène plus de deux acteurs.

Autoriser l'ouverture d'un théâtre avec une aussi stupide restriction, n'était-ce pas selon la vigoureuse expression d'un chroniqueur de l'époque ; « baillonner les auteurs dramatiques et les mettre dans la nécessité

d'être sots et absurdes par privilège du ministre »,
mais n'était-ce pas aussi, maintenir, sans en avoir
l'air, la rigoureuse exécution du décret impérial
de 1807.

En récompense de services personnels rendus à la
royauté et aussi grâce à l'influence de Charles Nodier
et du baron Taylor, Allaux l'aîné obtint de Louis XVIII
le privilège d'ouvrir une nouvelle salle au boulevard
du Temple. Un terrain fut acheté, à côté de l'ancienne
salle de Lazzari, en face du jardin Turc et quelques
mois plus tard, le 4 avril 1821 le Panorama Dramatique
ouvrait ses portes.

Le spectacle d'inauguration se composa de *Monsieur
Boulevard*, prologue en un acte de Carmouche et
Rougemont, et de *Ismayl et Maryam* mélodrame en
quatre actes et six tableaux de MM. Frédéric et
Isidore Taylor.

Soucieux de bien servir la cause de l'art, Allaux
n'hésita pas à s'entourer d'un comité de lecture composé de peintres, de poètes et de journalistes.

Le baron Taylor, Charles Nodier, de Cailleux, Mer-
ville, Gosse, Delatouche furent les censeurs attitrés
du Panorama Dramatique, comme Cuvelier, Alexis
Camberousse, Duperche et tant d'autres en furent les
fournisseurs ordinaires.

Les drames les plus remarquables joués sur cette
nouvelle scène furent : la *Mort du chevalier d'Assas*,
le *Vieux Berger* et la *Petite lampe merveilleuse*, parmi
les vaudevilles et les comédies il suffit de rappeler,

les *Cinq cousins* et le *Savetier de la rue Charlot.*

Tautin déjà célèbre à l'Ambigu et à la Gaîté, Bertin, Gauthier, Vautrain furent les principaux protagonistes de la troupe qui comptait parmi ses meilleures actrices : Mesdames Florville, Hugot et Lili Bourgoin. A la tête du corps du ballet brillait une ravissante étoile Mlle Chéza dont les talents chorégraphiques avaient précédemment acquis un grand renom aux boulevards.

C'est au milieu de ces artistes, aujourd'hui presque oubliés, que débutait timidement, le jour même de l'ouverture du théâtre, celui qui devait être plus tard le grand Bouffé.

Désormais, le Panorama Dramatique avait acquis son plus beau fleuron de gloire en abritant les premiers pas sur la scène, du futur créateur du *Père Grandet* et du *Gamin de Paris.*

L'engagement de Bouffé par Allaux, mérite d'être conté. Pour ne rien retirer de sa saveur à l'anecdote, nous l'emprunterons aux mémoires mêmes du grand acteur.

Bouffé venait d'être éconduit par Poirson le nouveau directeur du Gymnase. Malgré sa timidité naturelle il frappa à la porte de Allaux. « Arrivé à la porte de sa maison, le cœur me battait comme si j'allais commettre une mauvaise action. Enfin, je monte, je sonne. Ah! que j'aurais voulu qu'on ne me répondît pas!... Il y a des choses bien singulières dans la vie ; je me présentais chez cet homme dans l'espoir qu'il accueillerait ma demande, ce qui était le plus cher de mes désirs, et, sur le point de me trouver en face de lui, je souhaitais tout bas qu'il fût absent.

Mon attente fut trompée; on m'ouvrit et je me trouvai nez à nez avec une femme maigre, haute de cinq pieds six pouces, laide à faire peur, qui, d'une voix semblable à celle d'un factionnaire criant : « Qui vive ? » m'adressa un : « Que désirez-vous ? » que l'on dut entendre au bas de l'escalier. Je me dis en moi-même : si le proverbe : tel maître, tel valet est vrai, me voilà bien ! » M. Allaux, lui répondis-je.

— Qu'est-ce que vous y voulez ?

— Lui parler.

— J' vas voir si y est.

Quelques-minutes après, le tambour-major femelle m'introduisait dans le cabinet de son colonel, étendu sur un canapé, le pied droit enveloppé de linges.

M. Allaux s'était foulé le pied en inspectant les travaux de son théâtre; il paraît même que cet accident l'avait chagriné au point que sa raison s'en ressentait; c'est-à-dire que la tête était encore plus malade que le pied...

— Que me voulez-vous ? dit-il d'un ton brusque.

Je lui exposai le motif de ma visite.

— Et quel genre de rôles comptez-vous jouer ?

— Jusqu'à présent, monsieur, je n'ai joué que pour mon plaisir ; je ne me suis jamais essayé dans les rôles dramatiques, je ne sais donc pas comment je m'en tirerais, mais j'ai joué plusieurs personnages qui me font croire que l'emploi de comique me conviendrait.

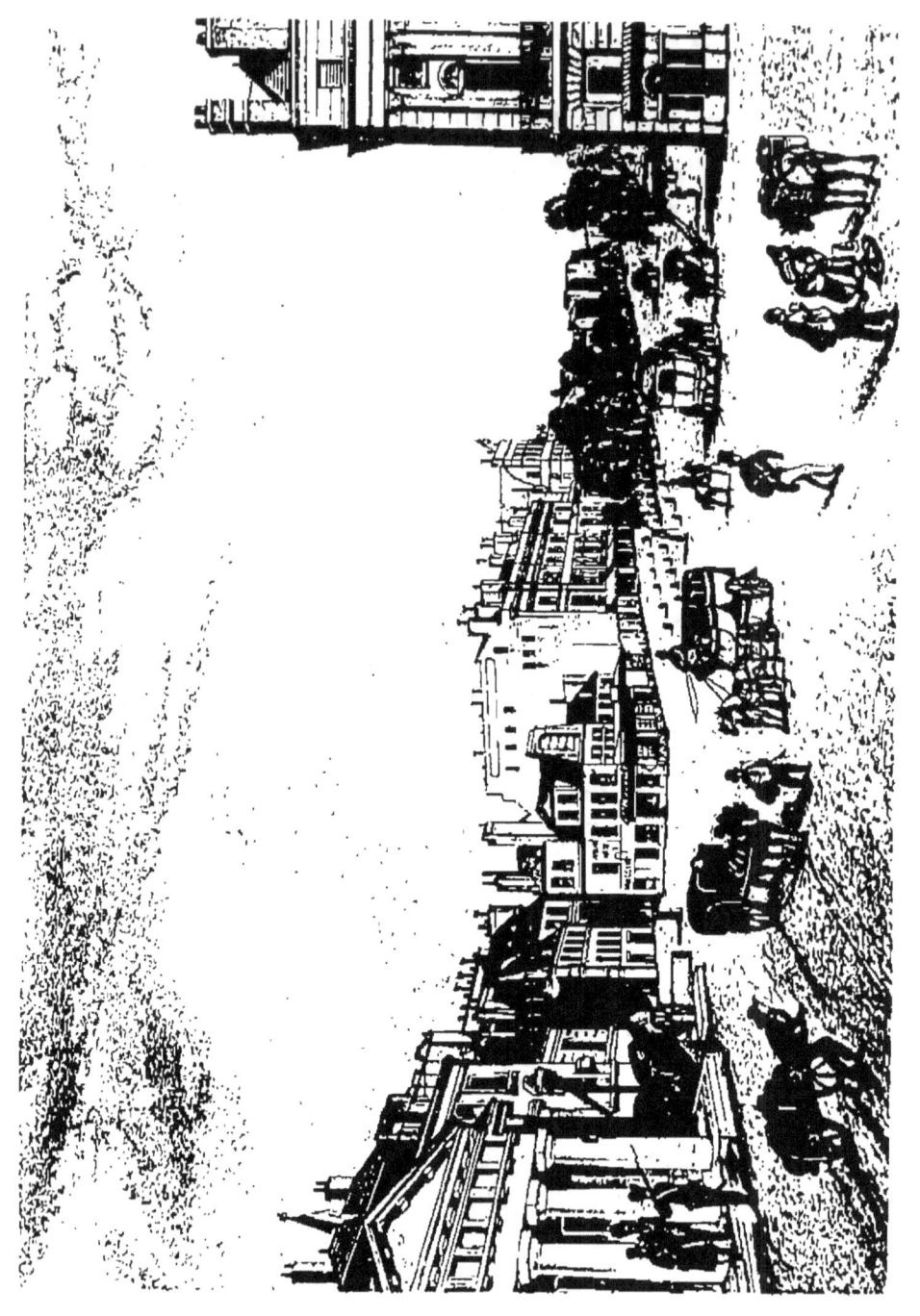

LE BOULEVARD DU TEMPLE (1830)

— Ah! les comiques ? Attendez! Alors il prit vive-
ment sa canne-béquille placée près de lui, et cela avec
une physionomie si singulière que je crus un instant
que nous allions renouveler la scène du *Médecin malgré lui*; seulement la scène aurait été retournée, et
loin de me battre comme on fait à Sganarelle pour lui
faire avouer qu'il est médecin, je pouvais craindre que
M. Allaux me bâtonnât pour me persuader de ne jamais
songer au théâtre. Je me trompais, il s'agissait simplement de m'indiquer un grand tableau peint en noir,
semblables à ceux que l'on trouve dans les écoles.

— Puisque vous jouez les comiques, me dit-il, pla-
cez-vous là, sous le n° 7.

Cela me parut si singulier que je me dis à part moi :
« Il y a sans doute aussi des balances pour savoir le
le poids des artistes que cet original engage à son
théâtre. » Voici à peu près le plan de la toise artistique de M. Allaux, et, je n'invente rien sur l'honneur.

1ers Rôles. — N° 1.	Jeunes Premiers. — N° 2.	Amoureuses — N° 3.	3es Rôles. — N° 4.	1ers Comiques. — N° 5.	2es Comiques. — N° 6.	Bas comiques Grimes. — N° 7.

J'obéis; cette mise en scène me rappelait le jour où j'avais tiré au sort; mais à peine étais-je placé sous cette nouvelle épée de Damoclès que le Directeur s'écria : « J'en étais sûr, vous êtes trop petit ! »

Je n'ai pas grandi d'une ligne depuis ce jour-là, ce qui ne veut pas dire que je sois grand, — cinq pieds à peine, mais j'avais la vanité de me croire d'une taille suffisante pour jouer l'emploi que l'on appelle, je ne sais pas trop pourquoi, les bas-comiques. J'osai en faire l'observation.

— Je vous dis que vous êtes trop petit, s'écrie mon juge avec emportement, je m'y connais aussi bien que vous peut-être ?

J'étais cloué devant lui, tournant mon chapeau entre mes mains, et ne sachant plus si je devais rester ou m'en aller. Au moment où je me décidais à partir, la porte s'ouvrit et un gros monsieur de bonne mine entre, avec le sang-façon d'un homme qui se trouve chez lui.

— Bonjour Allaux, comment vas-tu?

— Je souffre comme un démon; mais tu arrives à propos. Tiens, Solomé, regarde ce jeune homme, n'est-il pas trop petit pour se présenter sur un théâtre.

— Dame c'est selon l'emploi qu'il veut jouer.

— Les comiques mon cher.

— Les bas comiques, dis-je timidement dans l'espoir de gagner ma cause.

— Bas comiques ou autres, je vous répète que vous êtes trop petit?

Je ne sais si mon air candide et triste intéressa M. Solomé en ma faveur, mais se tournant vers moi :

— Voyons, jeune homme, fit-il d'un air de bonté pouvez-vous dire quelque chose ?

— Bien volontiers.

Et, tout en tremblant de peur, je répétai une scène du rôle d'*Albert* des *Folies Amoureuses* et une de *Frontin* des *Intrigants*.

Ce bon Solomé après m'avoir entendu :

— Voyons mon cher Allaux, dit-il, il faut engager ce garçon là pour jouer des petits rôles ; je t'assure qu'il est intelligent, qu'il a des qualités, et qu'avec des conseils nous en ferons un comédien agréable.

— C'est possible, mais il est trop petit. Il n'en démordait pas ; il m'avait répété ce mot tant de fois qu'il finit par me le persuader, et, que, pendant dix ans, je portai de hauts talons dans tous mes rôles, ce qui me causait une fatigue extrême.

Enfin, poussé à bout, et n'osant pas, sans doute, refuser à son ami, à son régisseur général, qui s'y connaissait mieux que lui, une chose qui avait l'air de lui faire plaisir, M. Allaux consentit, comme par grâce, à me faire un engagement de grande utilité, avec les appointements de trois cents francs par an, vingt-cinq francs par mois, tout juste les gages d'une cuisinière de second ordre, en ce temps-là, — car, à la date où j'écris, elles ont renchéri comme toutes les autres denrées. Et notez que mes vingt-cinq francs à moi, étaient tout secs, et que je ne pouvais compter comme ces braves filles, sur les louis de l'anse du panier.

Mais j'avais l'honneur d'être un artiste! J'allais jouer les grandes utilités ; ces deux mots étaient écrits en grosses lettres sur mon engagement! » Bouffé. Mes souvenirs 1800-1880.

Malgré des efforts méritoires, Allaux ne vit jamais réussir son entreprise.

D'une part les dépenses avaient été excessives ; de l'autre la condition imposée de n'avoir jamais plus de deux acteurs en scène devaient fatalement entraver l'ingéniosité des auteurs et engendrer l'insuccès.

Allaux céda son privilège au chevalier Langlois, qui, huit mois plus tard, passait la main à Chédel.

Malgré ces changements successifs de direction, le Panorama-Dramatique demeura toujours dans une situation précaire. Enfin, le 14 juillet 1823; la hideuse banqueroute vint fermer ses portes.

La salle fut démolie, sur son emplacement s'éleva une maison de rapport, l'art, une fois de plus, cédait le pas à l'infâme capital !

XVI

THÉATRE DES FOLIES-DRAMATIQUES

Comme les peuples heureux, le théâtre des Folies-Dramatiques, n'a pas ou presque pas d'histoire, tant fut grande sa prospérité.

En trente et une années d'existence au boulevard du Temple, nous n'aurons à compter que trois changements de direction et pas la moindre faillite à enregistrer, chose rare, dans les annales d'un théâtre.

Allaux aîné, l'ex-directeur du Panorama-Dramatique, ouvrit, entre le Cirque-Olympique et la Gaîté, sur l'emplacement de l'ancien Ambigu-Comique incendié, une nouvelle salle de spectacle, les Folies-Dramatiques, le 22 janvier 1831. Allaux était bien le détenteur du privilège, le directeur effectif du nouvel établissement n'en fut pas moins un sieur Léopold.

Les débuts furent pénibles, très pénibles.

Après un an d'exploitation, désespéré de ne pouvoir mettre la main sur un succès, Léopold vendit à Mou-

rier les Folies-dramatiques moyennant une rente via-
gère de 1800 francs. — 1832.

A l'exemple de son prédécesseur, Mourier s'en tint
les premiers temps à l'interprétation des vieux mélodrames et des vieux vaudevilles ; sa situation allait
devenir difficile quand eut lieu la première représentation d'un drame-vaudeville des frères Cogniard, la
Cocarde tricolore.

Le succès fut immense, on joua la pièce plus de deux
cents fois, désormais les Folies-Dramatiques ne connaîtront plus que les douces joies procurées par les
fructueuses recettes.

Mourier abandonna le vieux répertoire et fit appel
aux jeunes auteurs de drames et de vaudevilles. « Le
fretin seul de la littérature donnait jadis des pièces à
ce théâtre coudoyé, pour ainsi dire, par Saqui et les
Funambules. Aujourd'hui, les premiers noms de nos
dramaturges et de nos vaudevillistes se pavanent or-
gueilleusement sur les affiches de M. Mourier et vous
rencontrez au foyer Dennery plein de verve, jetant ses
piquants ouvrages au monde et vous faisant pouffer de
rire ou pleurer à son gré ; Théaulon-Dartois, siamois
cosmopolites, donnent la main à Carmouche leur émule
et leur ami ; Laporte, le grand fournisseur de l'endroit,
et même l'académicien Ancelot, qui a remporté des
couronnes sur toutes les scènes. Là encore, Desvergers
et Varin, rivaux heureux de Duvert et Lauzanne, ce
spirituel et facétieux Paul de Kock, dont vous con-
naissez les pièce et les romans.......

Blum est un singe sérieux au foyer. Je suis sûr qu'il est aimé là comme il l'est par le public devant la rampe. » — *Courrier de spectacles*. — A ces noms, il faut ajouter ceux de Lockroy, Anicet-Bourgeois, Grangé, Lambert Thiboust, Clairville, Albert Monnier et Raymond Deslandes. Leurs ouvrages, ce furent : la *Fille de l'Air*, la *Fille du Feu*, la *Pompadour des Porcherons*, les *Dévorants*, la *Gamine de Paris*, la *belle Bourbonnaise*, la *Bouquetière des Champs-Elysées*, etc., etc...

Le prix des places était modique, les plus chères se payaient deux francs cinquante ; il n'en pouvait être autrement, car le public habituel se composait des petits bourgeois et des ouvriers des quartiers avoisinants.

Mourier était un directeur judicieux qui, pour forcer son public à revenir souvent dans sa salle et l'empêcher d'en oublier le chemin, ne laissa jamais, plus de trente jours de suite, un ouvrage sur l'affiche, quel qu'en fut le succès. — Par ce moyen, il tenait en haleine son auditoire d'habitués, se réservant un certain nombre de reprises possibles dont il pouvait user aux heures de détresse.

La troupe de ce théâtre fut, avant tout et surtout, une troupe homogène. Elle ne compta jamais dans ses rangs des talents extraordinaires, mais son ensemble était des plus parfaits. Mourier ne pouvait pas payer de très gros prix et laissait toujours partir un artiste dès qu'il sollicitait un traitement supérieur à quatre mille francs. Ce qui ne l'empêcha pas de temps à autre de donner asile à des acteurs comme Odry et Frédérick-Lemaître, qui vint y créer *Robert Macaire* le 14 juin 1834. Ce que fut cette pièce et l'accueil qu'on lui fit, Th. Muret l'a dit dans son *Histoire par le théâtre*. « Cette suite de l'*Auberge des Adrets* qui portait pour titre le nom rayonnant du héros, fut jouée aux Folies-Dramatiques le 14 juin 1834. Les trois auteurs s'effacèrent pour la mettre sous le nom de Frédérick-Lemaître qui, par sa verve audacieuse, y avait apporté sa large part de collaboration.

Dans *Robert Macaire*, le fameux bandit ne se bornait plus aux exploits vulgaires du métier. Il agrandissait sa sphère, il jetait ses haillons, il devenait industriel de plus haute volée. On s'occupait alors de beaucoup d'entreprises en commandite, mines de charbon, asphalte, bitume et autres affaires où toutes les séductions de l'annonce faisaient miroiter de magiques dividendes et conviaient capitalistes et capitaux.......

A la fin de cette pièce, les gendarmes, ces anciens ennemis de Robert Macaire, veulent encore une fois l'arrêter dans le cours de ses hauts faits, mais il prend son vol en ballon, toujours avec Bertrand, son inséparable, et les grosses bottes de la force publique, de nouveau mystifiées, sont réduites à rester à terre.

Robert Macaire obtint un succès qui fit affluer dans la modeste salle des Folies-Dramatiques, l'habit aussi bien que la blouse. La popularité du fameux coquin fut immense....... enfin Robert Macaire fut le personnage symbolique de l'époque et plana sur ses contemporains ».

Mais revenons à la troupe de Mourier, pour citer les artistes, devenus plus tard célèbres, qui y firent leurs débuts. Ce furent mesdames Judith et Nathalie, sociétaires de la Comédie-Française, Christian, le comique des Variétés, Calvin, une des gloires du Palais-Royal et enfin Boisselot, du Vaudeville, le fin et délicat Boisselot, que nous applaudissons encore aujourd'hui, et qui est demeuré le représentant fidèle de la vieille école toute de conscience, d'observation et de sincérité.

Mourier ne tarda pas à faire fortune, mais n'en demeura pas moins à la tête des Folies-Dramatiques jusqu'en 1857, année dans laquelle il mourut subitement.

Tom Harel, fils adoptif du directeur de l'Odéon et neveu de Melle Georges, lui succéda; sa gestion ne fut pas aussi brillante, sans cependant avoir été désastreuse.

Le 15 juillet 1862, on donnait pour la fermeture la *Courte-Paille*, vaudeville en trois actes des frères Cogniard et les *Adieux du boulevard du Temple*, vaudeville en trois actes et quatorze tableaux de A. Thiéry. Les Folies-Dramatiques furent transportées, 40 rue de Bondy, sur le terrain anciennement occupé par les Caves Centrales; et la nouvelle salle, comme sa sœur aînée, devait connaître aussi une longue suite de triomphes.

XVII

THÉATRE HISTORIQUE

« Parbleu je veux un théâtre qui soit mien, qui
m'appartienne. Depuis quinze ans, j'ai fait la fortune
d'un tas de directeurs qui ne m'en ont pas d'obligation
cela m'embuloze terriblement. Si je demandais un
privilège. » Alex. Dumas. *Mémoires*.

L'idée était juste, la réalisation en fut prompte. Ancien bibliothécaire du duc d'Orléans, Alexandre
Dumas, s'était, après la mort de ce prince, ménagé
l'estime et l'affection du duc de Montpensier qu'il
accompagna en Espagne, comme historiographe.

Avec une telle protection princière, le privilège fut
facilement obtenu.

Boulevard du Temple, presque à l'angle du Faubourg du même nom, on acheta 600.000 francs un terrain sur lequel s'élevaient l'hôtel Foulon et le café de
l'Epi-scié.

L'hôtel et le taudis, repaire des gens sans aveu et

des marchands de contremarques, furent égaux devant la pioche des démolisseurs.

Quelques mois plus tard, sortaient de terre les fondations d'un édifice qui devait coûter 800.000 francs, Dédaux en fut l'architecte et Séchan le peintre décorateur.

Dès le début, ce nouveau théâtre devait prendre le nom de théâtre Montpensier, en souvenir du bienveillant concours apporté par ce prince pour l'obtention du privilège.

Le roi Louis-Philippe, peu soucieux de voir son fils prêter son nom à une entreprise de ce genre, s'interposa: « Prends garde, Montpensier, tu n'es pas riche. Donne-toi la fantaisie d'un théâtre, si bon te semble, mais songe qu'il n'est pas permis à un prince de la famille royale de faire banqueroute. »

La nouvelle salle prit le nom de théâtre Historique. L'inauguration eut lieu le 20 février 1847, on joua la *Reine Margot*; la journée et la nuit qui précédèrent, furent pour le public une véritable veillée d'armes, tant les parisiens étaient alors idolâtres d'Alex. Dumas et de ses héros.

« Vers dix heures du soir, les porteuses de bouillon commencèrent à circuler parmi les files en permanence. A minuit arriva le tour des pains sortant de la fournée. Des marchands du voisinage eurent l'idée de vendre des bottes de paille fraîche sur laquelle on s'étendit voluptueusement.

La nuit se passa en fête, en conversations joyeuses,

le bon ordre ne fut pas un instant troublé. Par intervalles, des chœurs très harmonieux se faisaient entendre. L'endroit était éclairé par des centaines de lanternes et de lampions. C'était un spectacle animé et des plus curieux. Au petit jour eut lieu l'intermède du café au lait accompagné de petits gâteaux tout chauds.

Quelques personnes de l'assistance arrêtèrent des porteurs d'eau qui passaient, et firent en public des ablutions permises. La nuit et la journée furent le triomphe des charcuteries à l'ail.

L'air était saturé de cet arôme culinaire. » Hostein.
— *Historiettes et souvenirs d'un homme de théâtre.*

L'auteur des lignes qui précèdent, Hostein, était régisseur général à l'Ambigu-Comique, Alex. Dumas l'en fit partir et lui confia la direction nominale du nouveau théâtre.

Mélingue, le grand Mélingue, quitta lui aussi l'Ambigu-Comique, pour venir incarner les héros de Dumas qui avait remarqué son interprétation improvisée du rôle de Buridan.

Lacresssonière et Mme Périer, sa femme, firent aussi partie de la troupe du théâtre Historique, qui comptait dans ses rangs Chilly, Barré, Bignon; Mme Hortense Jouve, Person, Attala Beauchêne etc., etc.

A la *Reine Margot*, succédaient après quatre-vingts représentations, le *Mari de la Veuve*, et l'*Ecole des familles* qui servit de débuts à Laferrière, puis *Intrigue et Amour* qui permit d'attendre la première représentation du *Chevalier de Maison Rouge*. Dans cette pièce, Attala Beauchêne et Laferrière furent remarquables, c'est dans ce drame que se trouvait intercalé le fameux *Chant des Girondins*, musique de Varney.

Mourir pour la patrie,
C'est le sort le plus beau, le plus digne d'envie

Les autres pièces d'Alex. Dumas qui virent le jour sur cette scène furent : *Hamlet*, *Monte Cristo*, (en deux soirées) *Charles VI chez ses grands Vasseaux*, drame dans lequel, débuta Fechter, le futur Georges Duval de *la Dame au Camélias* et pour lequel fut engagée Mme Dorval, enfin *Angèle* et *Catilina*.

A ces œuvres, il faut ajouter différentes reprises comme celle d'*Antony* et de *la Jeunesse des Mousquetaires*.

Au théâtre Historique, on joua aussi la *Marâtre* d'Honoré de Balzac, *le Chandelier* d'Alfred de Musset, *Marie Tudor* de Victor Hugo avec Mlle Georges pour protagoniste, la *Marie-Jeanne* de Dennery, *les Mystères de Londres* de Paul Féval.

Le public finit par se lasser des héros de tous ces drames et délaissa quelque peu le théâtre d'Alex. Dumas. D'autre part, les sommes dépensées dès le début étaient trop fortes pour pouvoir être amorties par des recettes médiocres ; au mois de Novembre 1850, la faillite redoutée par le roi Louis Philippe fermait les portes du théâtre Historique.

XVIII

OPÉRA-NATIONAL.

Le compositeur Adolphe Adam avait obtenu le privilège d'un troisième théâtre lyrique qu'il ouvrit dans la salle du cirque Olympique le 15 novembre 1847.

On joua successivement sur cette scène:

Les Deux génies ou le *Premier pas* ; mus. d'Halévy
Gastibelza, musique d'Aimé Maillart.
Une Bonne fortune, musique d'Adam.
Aline reine de Golconde, musique de Monsigny.
Le Brasseur de Preston, musique d'Adam.
La Tête de Méduse.

Le succès ne répondit pas à l'effort tenté par l'auteur du *Postillon de Longjumeau*.

La révolution acheva de mettre à mal l'entreprise qui s'effondra le 29 mars 1848.

Cette tentative malheureuse devait cependant porter ses fruits, en renaissant trois ans plus tard sous le nom de théâtre Lyrique. — Septembre 1851.

THÉATRE LYRIQUE

Edmond Sévestre, directeur des petits théâtres de la banlieue, ouvrit le 21 septembre 1851, dans la salle du théâtre Historique, fermée depuis un an, le théâtre Lyrique qui succédait au malheureux Opéra-National d'Adolphe Adam.

A sa mort, survenue douze mois après, son frère Jules lui succédait, il était lui-même emporté deux ans plus tard, 1854. Le privilège de ce nouveau théâtre échut à Emile Perrin, directeur de l'Opéra-comique qui s'aperçut bien vite de la difficulté qu'il y avait à diriger deux établissements du même genre et céda la place à Pellegrin, ancien directeur du Grand théâtre de Marseille 1855.

Pellegrin ne resta que quelques mois à la tête de l'entreprise et succomba sous les difficultés pécuniaires en janvier 1856.

Cette suite de directeurs n'était point faite pour faciliter la prospérité du théâtre Lyrique et servir la cause de l'art musical. Quoi qu'il en soit, d'importantes reprises eurent lieu et plusieurs pièces de valeur virent le jour sur cette scène pendant ces quatre années de débuts.

Parmi les premières ce furent : *le Barbier de Séville* de Rossini, les *Rendez-vous bourgeois* de Nicolo et le *Postillon de Longjumeau* d'Adolphe Adam ; parmi les secondes : *la Perle du Brésil* de F. David, *la Poupée de Nüremberg, Si j'étais roi*, et le *Bijou perdu* d'Adam et *Maître Wolfram* de Reyer, l'auteur futur de *Salammbô*.

Le 20 février 1856, le théâtre Lyrique tombait aux mains de Carvalho, baryton à l'opéra-comique ; c'était pour cet établissement une ère de gloire qui allait s'ouvrir.

Le nom de Carvalho est, à un double titre, infiniment lié à l'histoire du théâtre Lyrique.

Ce nouveau directeur devait lui imprimer un caractère vraiment artistique et agrandir son cadre, en faisant entrer à son répertoire les chefs-d'œuvre oubliés ou délaissés de la musique française et étrangère. De son côté, Mme Miolan-Carvalho, jusqu'ici artiste obscure et à la voix médiocre, devait s'y révéler cette cantatrice de génie qui, comme un contemporain l'a dit si judicieusement, fut peut-être, au point de vue du style et du grand art du chant, l'artiste la plus complète, la plus parfaite qu'il nous ait été donné d'admirer.

Carvalho remit à la scène : *Richard cœur de Lion* de Grétry, *les Noces de Figaro* de Mozart, *Orphée* de Glück, *Obéron* et *Euryante* de Weber, *Fidelio* de

Beethoven, *Joseph* de Méhul, Mmes Carvalho, Marie
Cabel, Marie Sasse, Nilsson ; Achard, Chollet, Mont-
jauze, Barlot, Michot, prêtaient à ces chefs-d'œuvre
leurs voix admirables et leur talent de comédiens.

Carvalho ne s'en tint pas là ; ces importantes reprises, qui eussent suffi à la gloire d'un autre directeur, ne parvenaient pas à satisfaire sa passion du
beau ; il aimait les vieux maîtres, mais il ouvrait aussi
largement son théâtre aux jeunes musiciens d'alors.
Avec un rare éclectisme, il jouait successivement les
Dragons de Villars de Maillart, *la Reine Topaze*
de Victor Massé, le *Médecin malgré lui, Faust* et
Philémon et Baucis de Gounod, la *Statue* de Reyer
autant d'ouvrages de premier ordre qui, s'ils ne furent pas toujours chaleureusement accueillis à leur
apparition, n'en sont pas moins devenus, avec les reprises citées plus haut, les plus solides soutiens de
notre répertoire lyrique actuel.

Il est donné à peu de directeurs de se retirer du théâtre avec un pareil bagage artistique.

Si l'on songe à la volonté, à l'effort soutenu et au
travail intense nécessités pour un pareil résultat en l'espace de quatre ans à peine, on ne sera pas sans éprou-
ver un certain chagrin en apprenant que les résultats
matériels ne répondirent pas à la gloire et aux succès
artistiques remportés par Carvalho. Le 1er avril 1860,
ce dernier cédait le théâtre Lyrique à son secrétaire
Charles Réty, dont la direction fut assez terne, surtout
après celle qui l'avait précédée.

Des spectacles du boulevard du Temple, trois furent privilégiés, le Lyrique était du nombre, et comme ses confrères, la Gaîté et le Cirque, il trouva, à son départ des lieux de sa naissance, un nouvel immeuble spécialement édifié pour lui, place du Châtelet, ainsi que l'avait décrété Haussmann le destructeur.

XIX

DÉJAZET

A gauche du passage Vendôme actuel, sur l'emplacement du Jeu de Paume du comte d'Artois, existait, vers 1850, une sorte de café-chantant, baptisé du nom de son directeur, les *Folies-Meyer*.

Cet établissement est un ancêtre de nos cafés-concerts modernes, empressons-nous d'ajouter que le programme y était plus attrayant et plus artistique. Le spectacle se composait d'un concert vocal et instrumental, des morceaux détachés des opéras célèbres y étaient chantés et exécutés par un orchestre, des artistes interprétaient des romances et des chansonnettes.

L'entreprise de Meyer dura peu et fut remplacée par le prestidigitateur Bosco qui fit une très courte apparition.

A la fin de 1853, la salle était rouverte sous le nom de *Folies-Concertantes*, par le musicien Hervé qui avait obtenu la concession d'un nouveau théâtre d'opérette à deux personnages seulement.

Hervé donna libre carrière à sa fougue : directeur, auteur, musicien, acteur, souffleur, régisseur, machiniste, décorateur, il était partout à la fois, Il engagea Paul Legrand des Funambules, pour interpréter les pantomimes ainsi que le chanteur Joseph Kelm, pour les vaudevilles à couplets qui ne tardèrent pas à devenir de véritables opérettes.

C'est aux Folies-Concertantes que Hervé donna les premières preuves de son imagination endiablée et de son irrésistible bouffonnerie : *la Perle de l'Alsace*, *la Belle Espagnole* et nombre d'autres petits actes qui faisaient prévoir *l'Œil Crevé* et *Chilpéric*, ces folies énormes, pour lesquelles chaque reprise est encore un nouveau succès, de nos jours.

Malgré toute son activité, Hervé dut abandonner son théâtre que reprenaient Huart et Altaroche, ancien directeur de l'Odéon.

La salle fut restaurée et inaugurée le 21 octobre 1854. Un des premiers soins des nouveaux directeurs fut d'obtenir la permission de mettre à la scène des pièces à plus de deux personnages, ce qui leur fut accordé.

Dans la troupe d'opérette, à Joseph Kelm vinrent se joindre Darcier et le joyeux José Dupuis, ainsi que mesdames Darcy et Géraldine. Aux *Folies-Concertantes* fut jouée la pantomime avec les transfuges des Funambules : Paul Legrand, Vauthier et Laurent.

Pendant les entr'actes se donnaient des intermèdes, dont un est légendaire, grâce au talent de son interprête, Joseph Kelm, c'est la *chanson du sire de Franc-Boisy*.

L'entreprise était en plein succès et les directeurs Huart et Altaroche ne songeaient nullement à l'abandonner, quand Virginie Déjazet, déjà sexagénaire, fut désireuse d'avoir un *théâtre personnel.* Elle acheta les Folies-Concertantes à la tête desquelles elle mit son fils, Eugène Déjazet. — 1859.

Il ne nous appartient pas d'écrire ici l'histoire de cette femme toujours jeune et d'apprécier son talent, des plumes plus autorisées que la nôtre nous ont devancé dans cette tâche.

Les Folies-Concertantes s'appelèrent le théâtre Déjazet, le genre en fut totalement changé. Déjazet reprit sur cette scène tous ses succès d'antan : *Gentil-Bernard,* la *Lisette de Béranger,* les *chansons de Désaugiers,* etc., etc. A cette liste, elle en ajouta bientôt une autre ; celle des débuts au théâtre de M. Victorien Sardou ce furent les *Premières armes de Figaro, M. Garat,* les *Prés-Saint-Gervais.* A Virginie Déjazet revient l'honneur d'avoir joué les premières œuvres du futur auteur des *Pattes de Mouche* et de *La Haine.*

Malgré les nombreux admirateurs qui se pressaient chaque soir dans la salle de Déjazet la situation pécuniaire était des plus desastreuses, grâce à l'incurie du fils qui se souciait peu de ses fonctions directoriales. En dépit de son âge, Virginie Déjazet entreprit des tournées en province pour éviter la honte de la faillite ;

elle y parvint péniblement et finit par vendre, à vil prix, son entreprise. — 1869.

Le théâtre gardait le nom de l'illustre comédienne mais revenait au genre de spectacle introduit par les précédentes directions.

Après la guerre désastreuse et les horreurs de la Commune, la salle de Déjazet faisait une réouverture, momentanée.

En 1876, Ballande, le créateur des fameuses matinées auxquelles il donna son nom, changea le titre du théâtre et l'appela troisième Théâtre-Français. La tentative était des plus méritoires, puisqu'elle avait pour but de révéler au public des auteurs dramatiques inconnus, néanmoins elle ne réussit pas.

En 1880, le troisième Théâtre-Français redevenait le théâtre Déjazet et le vaudeville y était seul représenté désormais.

Exilé du centre des plaisirs de Paris, ce modeste spectacle, dernier vestige d'un quartier jadis glorieux, lutte avec acharnement contre le délaissement auquel l semble irrévocablement destiné, rappelant, lui aussi, ce vers si souvent cité.

Et s'il n'en reste qu'un, je serai celui-là.

XX

LES CAFÉS — LES BALS

A la fin du xviiie siècle, le boulevard du Temple
était devenu le rendez-vous à la mode ; le tout Paris
d'alors y coudoyait les bourgeois du marais et la population ouvrière des faubourgs avoisinants.

Cette foule bariolée, attirée par les théâtres, les forains et toutes les curiosités réunies en ce coin de la
capitale, engendra fatalement un grand nombre de cabarets, de restaurants, de bals et autres établissements
similaires, où venaient s'attabler la haute société, le
monde galant et le peuple.

Il serait difficile et de peu d'intérêt de faire le dénom-
brement exact de tous ces cabarets, nous nous con-
tenterons de signaler ceux dont les noms évoquent
encore à l'heure actuelle, quelque souvenir du passé.

Disons d'abord qu'à chaque théâtre correspondait
un café, où se réunissaient les artistes, où venaient se
rafraîchir les spectateurs pendant les entr'actes.

Chez *Crété*, fréquentaient les acteurs et le public de

Nicolet; au *café de l'Ambigu-Comique*, les acteurs et le
public d'Audinot. A côté des Beaujolais s'ouvrait le *café
Goddet*, devenu plus tard le *café de la Victoire* : « La
meilleure société venait plus volontiers à ce café qu'à
tous les autres ; il est d'autant plus agréable qu'il
forme une triple galerie exposée sur le boulevard qui
offre aux amateurs, les plaisirs de la promenade, étant
assis ; c'est dans cette avant-salle exposée au grand
air, que les amants, le soir se donnent des rendez-
vous secrets. » *Almanach général des spectacles de
Paris et de province.*

Entre le *café Goddet* et le théâtre des Associés c'é-
tait le *café Yon.* « Les étrangers qui viennent pour la
première fois à Paris sont tout étonnés de trouver,
chaque soir, à la porte de ce café, en dehors, une affluence prodigieuse de spectateurs de tout état, dont les
uns s'arrêtent là par curiosité, les autres pour leur
amusement. Le café est ouvert et l'on voit. du boulevard une partie des scènes qui s'y passent M. Yon a
fait faire; au lieu d'amphithéâtre pour l'orchestre,
comme dans les autres cafés chantants, une espèce de
petit théâtre, des coulisses, et un fonds de décoration
assez agréable, où l'on joue des opéras-comiques tout
entiers qui ne coûtent rien pour la vue que ce l'on
prend au café. Il y a réellement quelques jolies pièces
et quelques acteurs qui ne sont pas dépourvus de talent. Quelques-uns ont joué la comédie en province
avec une sorte de succès. » *Almanach général des
spectacles de Paris 1791.*

En 1809, le théâtre des Associés fait place au *Café d'Appolon* où l'on donne des représentations dramatiques, comme nous l'avons vu précédemment dans l'histoire des théâtres.

Au coin du faubourg du Temple, près de l'hôtel Foulon, se trouvait le café de l'*Epi-scié*. Bouge infâme, rendez-vous des marchands de contremarques et des escarpes, qui fut démoli pour faire place au théâtre Historique.

De l'autre côté du boulevard, au coin de la rue Charlot, un Turc assis sur le seuil d'une porte orientale, fumant indolemment sa pipe, servait d'enseigne au *Jardin Turc* « Tenu de père en fils par le citoyen Emery, fut toujours composé par la haute bourgeoisie du Marais, et jadis les employés des vivres qui demeuraient aux environs; l'on y joue au billard, au trictrac, aux échecs, aux dames, tous ces jeux se jouent avec honnêteté et décence et surtout avec désintéressement; tout ce qu'on y prend, y est bon et à un prix modéré.

Le jardin est très agréable et bien décoré, vous pouvez y respirer la fraîcheur sous le couvercle de petits berceaux ombragés et entourés d'arbres les plus rares, sous lesquels quelques couples amoureux se dérobent aux yeux des importuns, mais en tout bien, tout honneur. Ce café est tenu avec le plus grand ordre et propreté et ne peut que faire honneur aux soins du citoyen Emery fils, que le public doit reconnaître par l'affluence qui y règne tous les jours. Sur le même rang, est une allée de promenade, le long de laquelle est une rangée de chaises, sur lesquelles sont tous les soirs, assises toutes les femmes surannées de ce quartier, qui ont encore quelques prétentions et à qui l'âge ne permet plus d'aller jusqu'à celui des Italiens ». *Tribunal volatile* p, 29, 30, 31.

Le *café Turc* traversa sans trop d'avanies la Révolution ; sous le Directoire, l'Empire et la Restauration, il redevint à la mode et fut toujours plus fréquenté que son rival le *jardin des Princes*, dont nous parlerons plus loin.

Vers 1836, la foule se rua littéralement au *Jardin Turc* pour danser et voir danser aux accents d'un orchestre dirigé par un jeune maëstro du nom de *Jullien*, jaloux des lauriers du célèbre *Musard*.

« *M. Jullien* est arrivé à Paris, il y a à peine deux ans, il sortait alors d'une toute petite ville, nous devrions presque dire d'un village, près de Marseille, et le voilà rivalisant avec les *Tolbecque*, les *Musard*. Une touche large et vigoureuse, une parfaite entente des effets d'harmonie, de la grâce dans le chant, de la vérité dans les situations, distinguent surtout les compositions de ce jeune homme. Rien de plus neuf que sa *Nuit de Venise*, rien de plus imitatif que ses échos militaires, mais par dessus tout cela, rien de mieux arrangé que le quadrille des *Huguenots*. Amateurs de fêtes nocturnes, dilettanti qui avez applaudi le Coral rue Lepeltier, allez l'applaudir au *Jardin Turc* car là vous aurez une véritable action dramatique. Vous aurez soixante voix d'instruments qui vous diront le chant *des Huguenots*, vous aurez la magie des lumières s'éteignant tout à coup, la fusillade roulant au milieu de la foule, l'incendie s'allumant et toujours, toujours des instruments qui parlent, des mains qui applaudissent, des cœurs qui tressaillent, comme si l'action était vraie. Oh! allez, allez entendre et crier bravo avec la foule *à M. Jullien* qui a si bien saisi la pensée du grand maître à qui nous devons *Robert le Diable* et les *Huguenots.* » *E. Niboyet. Revue du théâtre, 2° année 203° livr.* — Malgré ce dithyrambé, la foule se lassa, le *Jardin Turc* fut abandonné et *Jullien* se réfugia à Londres. — 1838.

Le *Jardin Turc* cessa d'être un bal pour ne plus être qu'un restaurant tel qu'il existe encore de nos jours.

Après le café Turc venait le *café des Arts ci-devant Alexandre* : » on y joue le vaudeville et des arlequinades surtout..... le local en est très joli et bien orné..... les acteurs sont de toute bonnes, volonté, ont de la voix et font ce qu'ils peuvent pour contenter le public de ce café, qui aurait tort d'être difficile. Les marchandises ne sont pas très bonnes, mais il faut payer, d'une manière quelconque, la musique et les acteurs. » *Tribunal volatile*, p. 32, 33, 34.

Attenant au précédent établissement, était le petit *cabaret de la Galiote*, célèbre par les réunions de Vadé, Piron, Collé, Saint-Foix et Favart, qui, selon le mot de Brazier, venaient fêter leurs succès remportés sur les théâtres d'en-face ou se consoler de leurs déboires dramatiques en vidant de nombreuses bouteilles et en écoutant *Fanchon la Vielleuse.*

A la Galiote, se donnaient les rendez-vous galants en des cabinets particuliers bien connus des amoureux.

Le *Cadran-Bleu* était fréquenté par la société choisie qui venait y déguster les mets d'une cuisine savante et les vins d'une cave renommée.

Au coin de la rue du Temple, en 1795, Bricard faisait construire *Paphos* pour rivaliser avec le *Jardin Turc.* On y trouvait un jardin, un salon de réunion, un café, une galerie publique, une salle de danse et un jeu de bagues

Les bals, les illuminations, les feux d'artifice en furent les principales attractions.

Paphos changea deux fois de nom, on l'appela *Hébé* et plus tard le *Jardin des Princes*, en 1823. C'est sur son emplacement que fut construit le passage Vendôme d'aujourd'hui. « *Paphos* : rendez-vous des belles du quartier et de leurs amants, on y boit, on y danse, on y.... » *Almanach des spectacles de Paris* 1800.

« *Paphos,* aujourd'hui appelé *Hébé*, le jardin n'en est pas grand et est peu agréable, car le public préfère la *Rotonde* pour y danser et prendre les rafraîchissements qu'il désire, qui n'y sont pas toujours excellents. Ce bal était, dans son origine, assez bien composé, la nouveauté attire toujours les curieux. Maintenant il est le réceptacle de nombre de désœuvrés et hommes de mauvaise vie, de petites ouvrières perverties et de femmes aussi laides qu'intéressées qui cependant n'y font pas fortune ; il y va néanmoins, les dimanches et fêtes, quelques familles honnêtes pour y jouir de la danse et du feu d'artifice. Mais il faut pour faire revivre cet établissement, que les administrateurs donnent de bonnes marchandises, aient des garçons honnêtes et en chassent une certaine société qui en éloigne, au lieu d'y inviter. » *Tribunal volatile* p. 28, 29.

A cette liste, nous ajouterons les noms de deux cafés plus récents celui *des Trois journées* fondé en 1831, et, enfin, le *café du Géant* fondé en 1851 par un certain Pâris qui excellait en l'art de truquer les géants qu'il exhibait quand il n'en trouvait pas de véritables. »

XXI

AUTRE TEMPS... AUTRE ASPECT

Le *boulevard du Crime*, entièrement démoli, ou peu s'en faut, sur ses cendres aplanies, des avenues et des boulevards aboutissant à une place immense, bordée de magasins, d'hôtels ou de casernes, d'une architecture sans caractère et sans goût, tel est le spectacle navrant qui s'offrirait au parisien du Directoire ou de la Restauration, revenu parmi nous.

Rien, plus rien, qui pût évoquer, en lui, le moindre souvenir du *Vieux Boulevard*, où l'on venait jadis, chercher le plaisir et la joie.

Disparus, *Nicolet*, *Audinot* et leurs innombrables confrères, disparus *Paphos* et le *Jardin Turc*, disparus enfin le *Cadran Bleu*, *la Galiote* et tant d'autres cabarets.

Plus de bateleurs, plus d'amuseurs en plein vent ; partant plus de badauds, plus d'attroupements joyeux pour entendre les parades ou les aboyeurs du *P'tit Laze* ou des *Délass-Com*.

12

Les quinquets fumeux ont été remplacés par des lampadaires électriques, qui, moins heureux que leurs modestes devanciers, ne connaîtront jamais, la légendaire sortie des théâtres du *boulevard du Temple*.

Avec la fermeture des bureaux et des ateliers, l'ancienne place du *Château d'Eau* tombe, maintenant, chaque soir dans le calme et le silence, troublés de temps à autre par l'infernal roulement des tramways ou les flonflons discordants des cafés d'alentour.

Belleville et Ménilmontant, ne déversent plus, chaque dimanche, les flots tumultueux d'une foule bigarrée et gouailleuse, tout à la joie d'aller applaudir ses acteurs favoris.

Quand, de nos jours, la population faubourienne envahit la place de la République, c'est pour se rendre à la *Bourse du Travail*, d'où elle ne sort, trop souvent hélas! que pour en venir aux mains avec les représentants de la force publique.

D'immenses voies, des magasins, des bureaux, des casernes, là où s'élevaient jadis les temples du *Drame* et de la *Comédie*; des bagarres et parfois des émeutes là où nos pères, ouvriers ou bourgeois venaient rire et s'amuser; convenons, à la honte de notre époque, que le tableau s'est singulièrement assombri!!

Paris, avril 1903.

FIN

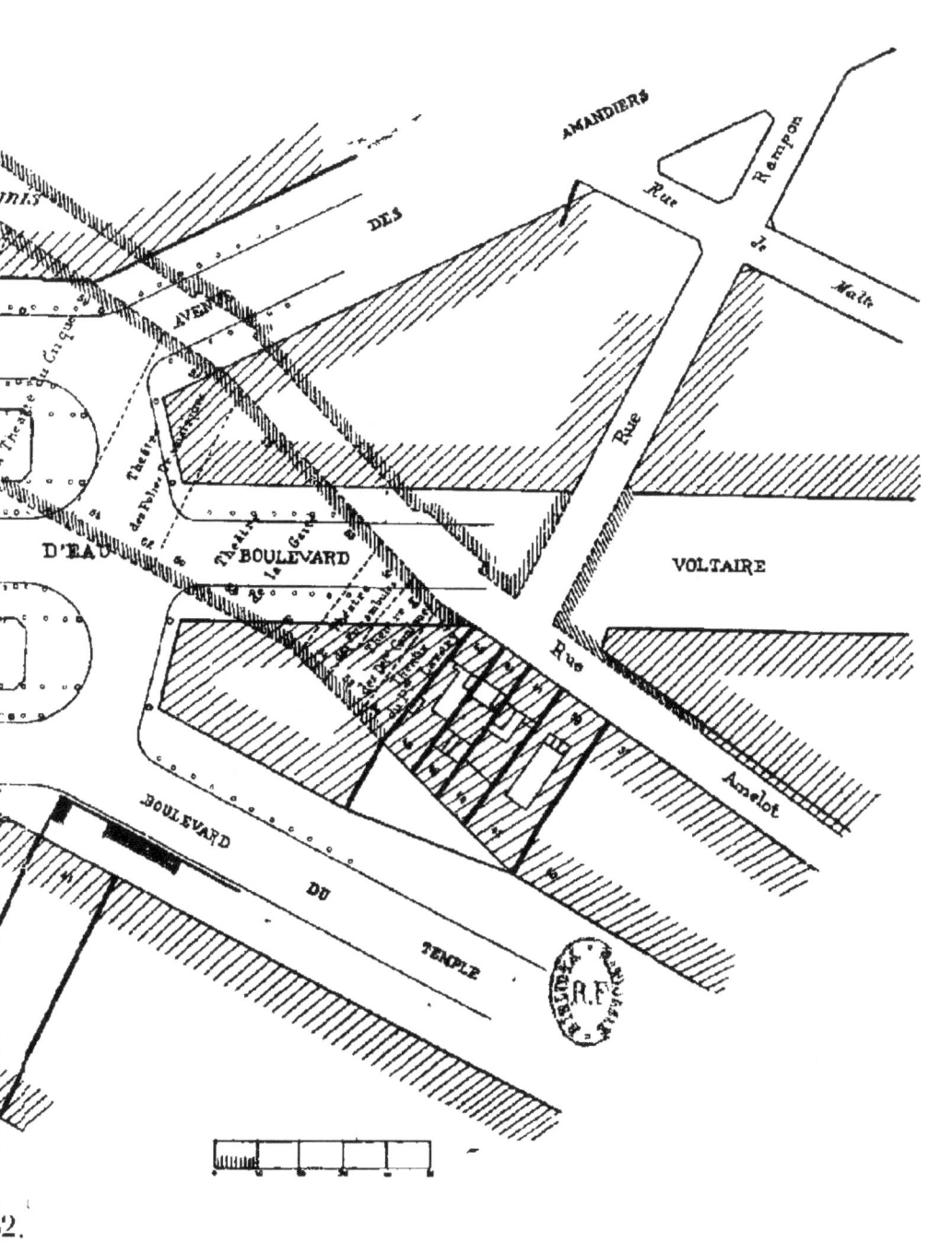

AMANDIERS

Rue

Rampon

DES

J.

Malte

AVEN

Rue

Théâtre du Cirque

Théâtre des Folies Dramatiques

Théâtre de la Gaîté

D'EAU

BOULEVARD

VOLTAIRE

Rue

Amelot

BOULEVARD

DU

TEMPLE

R.F

2.

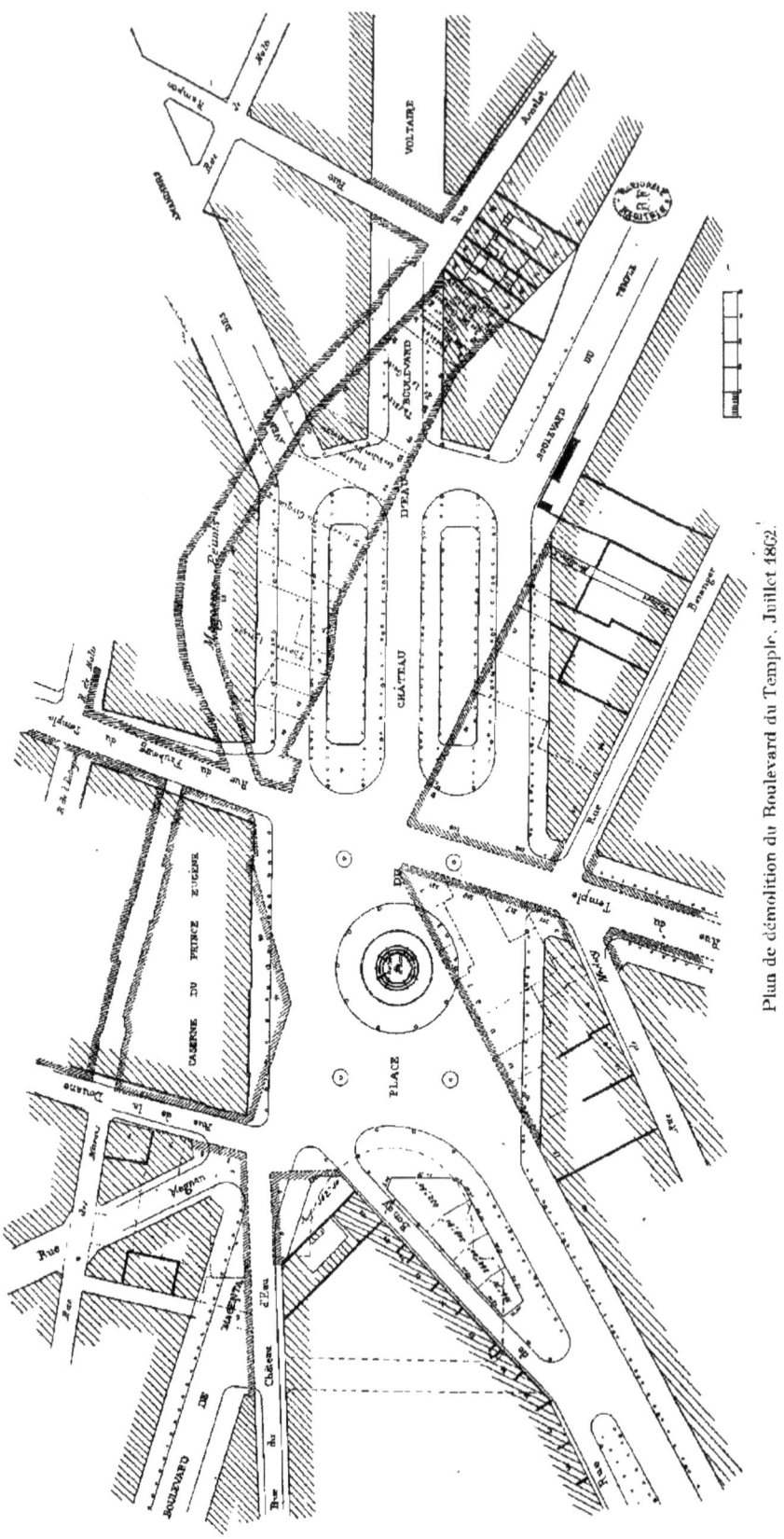

Plan de démolition du Boulevard du Temple, Juillet 1862.

TABLE DES MATIÈRES

FIN DE LA TABLE

Imprimerie de Poissy. — Lejay fils et Lemoro.

IMP DE SOYE, 30, AVENUE TOUDABA

www.ingramcontent.com/pod-product-compliance
Lightning Source LLC
Chambersburg PA
CBHW071538220526
45469CB00003B/826